JN098154

POWER

今井芳昭
Imai Yoshiaki

影響力の解剖

パワーの心理学

福村出版

JCOPY 〈出版者著作権管理機構 委託出版物〉

本書の無断複写は著作権法上での例外を除き禁じられています。複写される場合は、そのつど事前に、出版者著作権管理機構（電話 03-5244-5088、FAX 03-5244-5089、e-mail: info@jcopy.or.jp）の許諾を得てください。

はじめに

本書は、「影響力の解剖」というタイトルに示されているように、影響力（パワー）（social power）に注目した本です。ここでいう**影響力**（パワー）とは、人に影響を及ぼすことのできる能力のことです。初版『影響力を解剖する』を刊行してから20年以上経ちました。その後、影響力（パワー）をもつことによる認知パターンの変化に関する新しい研究が行われるようになりましたが、影響力（パワー）を構成する基盤については、今でも１９５９年に発表されたフレンチとレイヴンの分類が重視されています。[34] 本書は、そうした影響力（パワー）に関する研究の流れをとらえながら、初版を基にして事例を新しいものに替え、構成も組み替え、影響力（パワー）にかかわることを対人的影響という枠組みの中でとらえていくことにします。

私たちの生活は、自分の周囲の人たちに頼みごとをすることで満ちあふれています。たとえば、家族に「駅まで車で迎えに来てくれる?」と駅から電話をし、友達には「来週の日曜日、買い物につき合ってくれる?」と頼むことがあります。子どもも「今度、そのテレビゲーム貸してよ」と友達に頼み、親には「今年の夏休みは、海外旅行に連れて行って」とねだります。大学では、教師が学生に「来週のゼミ（演習）までにレポートをまとめておくように」と指示し、企業では、上司が部下に「今度の会議までに企画書を作成しておいて欲しい」と命令します。街中では、「ちょっとアンケートに答えて欲しいのですが」と言葉巧みに通行人に話しかけ、化粧品の販売や宗教への勧誘が行われることもあります。

本書ではこうした、人が他の人に対して何らかの働きかけを行っていること、もう少し硬い表現を使えば、「他者に影響を与えること」に焦点を当てていきます。専門用語を使えば、「**対人的影響**」(interpersonal influence) です。「人に影響を与えること」の中には、ちょっとしたことを「依頼」する、人が考えを変えるように「説得」する、自分の地位よりも低い人に「指示」したり「命令」したりすることなどが含まれます。

本書のねらいは、こうした人と人との間に起こる影響の及ぼし合いにおいて、特に人に影響を及ぼすことのできる背後にはどのような要因が存在しているのかを理解することです。対人的影響には、与え手と受け手がいます。有利な立場にいるのは、送り手の方です。これから誰(受け手)に何を働きかけようとしているのかを知っているのは、送り手だけです。受け手の方は、どのような手段を用いて働きかけられるのかもわかりません。そうした不利な立場におかれている受け手が、対人的影響とはどのような構造(仕組み)になっているのかを事前に知っておくことは、送り手から働きかけられた後、自分の判断を決める際に、余裕をもてることになります。また、不利益を被らないように防衛することにもつながります。

他方、対人的影響は、与え手と受け手の双方がいなければ成り立たないことですので、受け手の防衛を促すと共に、与え手が自分自身の影響力(パワー)のもつ意味を理解することにもつながります。その意味では、与え手が人に影響を与えることを整理することにもつながるでしょう。

対人的影響において、与え手の望むような反応を受け手からうまく引き出すことは必ずしもできないのですが、それがうまくいった場合、与え手にはどのような力が存在していると考えられるのでしょうか。そうした力は影響力(パワー)と呼ばれています。他者との関係性にもとづく影響力(パワー)とも呼ばれています。英語では、“social power”と表現されていて、日本語では「社会的勢力」とも訳されてきました（本書においてなぜ影響力（パワー）という訳を用いるかについては第1章を参照）。

本書では、この影響力（パワー）を解剖していきたいと思います。具体的には、影響力（パワー）の種類、影響力（パワー）と関連する働きかけ方、そして、ついでに影響力（パワー）と直接的には関係しない対人的影響にも目を向けていきたいと思います。

こうした問題を扱う学問は、社会心理学（social psychology）です。社会心理学は「他者の存在」をキーワードにして、質問紙を使った調査や実験室での実験を通して、人と人とのやりとりにおける法則性とそのメカニズムを明らかにする努力をしています。心理学や社会学、文化人類学とも関連のある学問です。この本の中で紹介する多くの研究は、社会心理学の領域で行われたものです。したがって、この本を通して、社会心理学という学問の一部を垣間（かいま）見ることにもなります。

本書は、人に影響を与えるという現象や社会心理学に関心のある方々を対象としています。そのため、できるだけ平易に書くように努め、さらに、紹介した研究の原典にあたれるように引用文献も掲載しました。読者の皆さんがふだん何気なく人と接している中に、本書で扱うことがらは埋もれています。社会心理学者が人と人とのやりとりをどのように科学的に分析してきたかを皆さんに見ていただくと同時に、皆さんもふだんの生活を社会心理学の視点からとらえ直してみていただけると、また、違う世界が現れてくることになると思います。

本書は、8章で構成されています。まず、第1章において、人に影響を与えること、影響力（パワー）とはどのようなものなのかについて簡単に見ていきます。その後、フレンチとレイヴンがあげた6種類の影響力（パワー）を解説していきますが、6種類をさらに大きく三つのグループに分けます。資源にもとづく報酬パワーと罰パワー、知識にもとづく専門パワーと情報パワー、そして、人間関係にもとづく正当パワーと参照パワーです。三つのグループのパワーをそれぞれ第1章〜第3章で紹介します。そして、本書では、覚えやすいように、三つのグループを以下のように表現しました。

「資源がパワーとなる。知識がパワーとなる。そして、人間関係がパワーとなる」

パワーをもつことは、概念的には、人（受け手）に対して影響を及ぼせる（与え手の望むような考えを受け手にもたせたり、行動を取らせたりする）ことです。実際には、その影響力（パワー）にもとづく影響手段を選択し、受け手に働きかけることになります。

そこで、第4章、第5章では、影響力（パワー）と関連させながら、また、影響力（パワー）とは関連する影響手段と共に、それと直接的には関連しない影響手段についても見ていきます。第4章では対人的影響において用いられる影響手段を概観し、第5章では、最近、よく紹介されるようになってきたフット・イン・ザ・ドア法やドア・イン・ザ・フェイス法などの技巧的な影響手段に焦点を当てます。さらに、与え手は、それぞれの影響手段をどのような理由で選択して使おうとするのかにも目を向けます。

本書では、影響力（パワー）を主体にして対人的影響の全体像をとらえていきたいと思いますので、続く第6章、第7章では、与え手と受け手にかかわる心理学的要因にも注目したいと思います。第6章では、与え手にかかわる要因として、ものごとをコントロールしているという感覚であるコントロール感、人に影響を与えることによる認知変化（たとえば、受け手との心理的距離を取るようになったり、人を単純化してステレオタイプ的に見るようになったりすること）、人に影響を与えたいという影響力（パワー）動機について見ていきます。第7章では、受け手にかかわる要因として、与え手から働きかけられた際に考える損得勘定（主観的期待効用）、働きかけに対して受け手が示す反応パターン（表面的服従から納得まで）、心理的リアクタンス（反発）、与え手から提示された情報を意識的に処理する前の段階で生じる受け手の非意識的な情報処理、そして、不当な働きかけから防衛する方法をあげます。

最終章である第8章では、対人的影響の全体像をとらえるために、今までの章では見てこなかった、人が意図せずに周囲の人に影響を与えてしまう現象（たとえば、行動感染や社会的促進）、そして、意図的な働きかけなのですが、受け手にはそれがわからない隠蔽（いんぺい）的な働きかけについて見ていきたいと思います。また、トピックとして、夫婦関係におけるパワー関係、小・中・高校の学級（クラス）内のパワー関係、そして、組織におけるパワー関係にも言及したいと思います。

最後になりましたが、本書を執筆することができましたのは、先達の多くの研究、そして、多くの方々のご指導とご援助によることを述べておきたいと思います。また、本書の刊行まで温かくご支援下さった福村出版編集部松山由理子氏にもお礼を申し上げます。

なお、本書に執筆したことに関しましては、筆者にその責があります。誤りや不正確な表現、ご意見、ご感想などがございましたら、お知らせいただければ幸いです。

２０１９年12月

今井芳昭

目　次

第1章　資源にもとづくパワー

子貢（しこう）は、いつ頃のことかはっきりしませんが、己が勉学、修養といったものは棄て、自分がこの世に生れてきた意義は、あるいはその使命は、師・孔子にお仕えすることであると、そういう考えの上に、大きな信念をもって坐るようになりました。

子貢は自分がこの世に生れ、そして何十年かに亘って生きて行く意義を、師・孔子に結びつけたのであります。

……

（中略）

何かの拍子に、私がそこに居ることに気付かれると、子は、

――どうかな、今の問題については、どう考えるかな。いつか、蔫薑（えんきょう）の考えをも聞きたいと思っていた。暇な時、話しに来てくれないか。

このような言葉をかけて下さることがありました。そういうときの子のお顔は、もうこの師のためなら、自分なぞどうなってもいい。死ぬことさえ辞しはしない。そんなことさえ思わされるほど、お優しいものでした。多勢の門弟たちが、〝子のためなら〟と思うのも、無理からぬことに思われました。

注：子貢は、蔦薑（えんきょう）と共に孔子の門弟であり、蔦薑の兄弟子にあたる。この小説には、蔦薑の視点から孔子やその高弟たちの言葉や思想が描かれている。

〔井上靖『孔子』新潮社、一九九五年〕

◉質問

あなたは、「誰のためなら死んでもいい、自分の命を賭けてもいい」と思うでしょうか。

第一節　人に影響を及ぼすことに満ちた生活

1　人に影響を及ぼす

はじめから物騒な問いかけをしてしまいました。これは、ある宗教家が述べた問いの一部です。その宗教家は、「人は何のために生き、何のために死ぬか、あるいは誰のために死ぬか」という問いを発したのでした。それをここで拝借させてもらいました。誰かのために自分の命を投げ出すことができるということは、裏を返せば、その相手には、かなり大きな影響力があると判断できます。したがって、上にあげた問いの逆、「自分のために何人の人が命を賭けてくれるか」という問いは、その人の影響力を測るための究極の問いかけであるといえるでしょう。

現代の生活では、相手の命を要求するような極端な頼みごとをすることはまずありませんが、戦国時代の武士にとっては、身近なことであったと思われます。自分のために命をかけて働いてくれる武士を多く抱えている大名が、全国を制覇（せいは）する可能性をもつことができたわけです。

　現代の私たちの生活には、こうした問いかけが必要となる主従関係はほとんど存在しません。しかし、相手に命まで賭けるよう要求しなくても、もう少し軽い要求をすることはあります。むしろ、私たちのふだんの生活は、お互いに影響を及ぼし合っていることで満ちているといった方がよいかもしれません。そして、いかに自分の意見や希望を人に受け入れてもらうかをそれぞれの人が工夫し、暗中模索しているといえるでしょう。

　たとえば、軽量のノートパソコンやタブレットを買ってほしいと親に頼み込む、人を紹介してほしいと友人に依頼する、手順通りに作業することを部下に指示する、出張や転勤を指示する、なかなか自分の意見に同意してくれない同僚を説得する、商品を買ったり、サブスクリプション契約（月や年ごとの定額利用）をしてくれるよう顧客に説得したりするなど、いろいろな場合があります。あるいは、集団全体をまとめるために、反対意見をもつメンバーに集団の圧力が加えられることもあります。また、個人と個人の間だけでなく、政党、民族、宗教などの集団の間においても、自分たちの主義主張の正しさを主張し合い、相手の考え方を批判することがあります。最近では、たとえば、イギリス国内のＥＵ（ヨーロッパ連合）からの離脱に関する対立をあげることができるでしょう。

　どの場合も自分の考えや願いを相手に受け入れてもらうように、何らかの形で相手に働きかけています。そのとき、自分にどのような影響力（パワー）があれば、あるいはどのように働きかければ、相手に受け入れてもらいやすいのでしょうか。本書では、こうした問いに対する答えを社会心理学の研究にもとづいて明らかにしていきたいと思います。

「人に影響を及ぼす」というと，何か不遜(ふそん)とか尊大とかいうネガティブなイメージがあるかもしれません。阿吽(あうん)の呼吸や以心伝心でものごとを進めることに価値をおいている人は，特にそう感じるかもしれません。しかし，現実にお互いに影響を及ぼし合っている以上，その仕組みを理解しておくことは，私たちにとって何かしら役立つに違いありません。自分が人に影響を及ぼす場合だけでなく，自分が人から不当な影響を被らないためにも必要なことであるといえるでしょう。

2 対人的影響における与え手と受け手

本書で扱う現象は，**社会的影響**（social influence）と呼ばれている研究領域です。社会的影響とは，個人と個人の間，集団と集団の間で影響を及ぼし合うことを意味しています。人（または，集団）がほかの人（集団）の態度，行動，感情などを前者の望むように変化させるために，何らかの形で後者に働きかけることです。本書では，主として，個人と個人の間で行われる影響の及ぼし合いに焦点を当てていくことにします。その意味で対人的影響とも呼ばれます。

他者とは自分以外の個人のことです。日常的には「他人」という言葉も使われていますが，他人というのは，何かよそよそしい，ネガティブな意味合いが含まれています。本書では，何も価値づけられていない，中性的（ニュートラル）な意味をもつ「人」もしくは「他者」という言葉を使うことにします。

ここで，社会的影響に関連する用語について話しておきたいと思います。日本語では，人に影響を与えることに関連する言葉はあまり見あたりません。影響を与える側の人や影響を受ける側の人を表現す

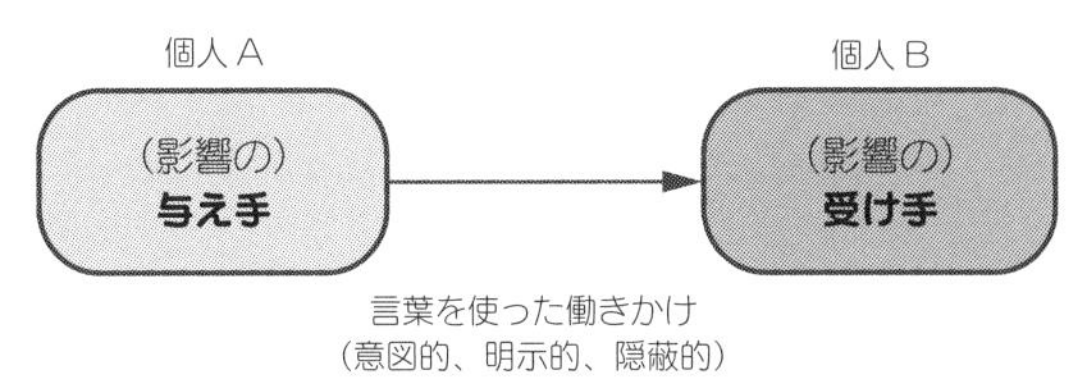

図 1-1　本書で扱う働きかけ（社会的影響）

る日常語がありません。そこで、本書では、図1-1に示したように、他者に何らかのことがらについて影響を与えたり依頼したりする人のことを「（影響の）与え手」（influencer, influencing agent）と呼ぶことにします。逆に、影響を受けたり、依頼されたりする人を「（影響の）受け手」（influencee, influence target）と呼ぶことにします。そして、影響の与え手が受け手に対して、実際に影響を及ぼすことを「働きかけ」と呼ぶことにします。

3　影響力とは

それでは、本書のタイトルにもなっている影響力（パワー）とは何でしょうか。**影響力**（パワー）とは、社会心理学では、「人に影響を与えることのできる潜在的な力」であると定義されています[34]。あるいは、「他の人の考えや行動、感情などを自分（与え手）の望むように変えることのできる能力」です。原語はパワー（power）であり、何かをする力、能力、権力、電力などを意味しています。社会心理学では、パワーに社会的（social）という言葉を付けて社会的影響力（パワー）（social power）と表現されます。個人間で生じる影響力（パワー）なので、対人的影響力（パワー）（interpersonal power）と表現されることもあります。与え手が自分の望むように受け手に影響を及ぼそうと思えば、それができる状態を示しているということです。概念的にはそうなのですが、実際にパワーを理解する際には、そのパワーにもとづいた影響手段を通して理解することになります。たとえば、（後述のように）報酬パワーの場合、受け手が手に入れたいと望む報酬を与え手がコントロール（操作）できる状況にあるので、報酬の約束を通して受け手に影響を及ぼせるようになるということです。その意味では、影響力をもつということは、受け手に働きかける際の影響手段が増えるということです。

「影響力をもつことは、影響手段を増やすことになる」

また、本書では“power”を影響力と訳していますが、「勢力」と訳して社会的勢力と表現されることもあります。勢力について見ると、日常的には、たとえば、政党勢力、反社会的勢力という言葉が思い浮かびます。政党勢力の場合は、政治的思想を同じくする政党という一群の人びとおよびその人数、あるいは、他の考え方のグループを押さえつける力というニュアンスを表現し、反社会的勢力の場合は、社会の一般的な価値観に抵抗、反対するような犯罪的、攻撃的な力をもつ人びとという意味合いで使われることが多いでしょう。

また、政治学、政治心理学の領域では、“power”を「権力」と訳すことが多いようです。たとえば、政治権力（political power）という場合は、「政治的目的を実現するため、あるいはそれを阻止するために用いられる影響力」（『デジタル大辞林』小学館）と説明され、合法的な政治権力が国家権力であるとも書かれています。

本書で扱う影響力は、そうした一群の人びとおよびそれに伴って他を圧する力というよりは、与え手が受け手に影響を及ぼしうる能力、そして、それに伴う影響手段という意味合いです。そうした点を文字通り直接的に表現している概念として「影響力（パワー）」を使うことにします。本書では、これから紹介する6種類および追加の3種類の影響力（パワー）は、図表を含め、「○○パワー」と片仮名書きにし、それ以外は、原則、「影響力」にパワーとルビを振って表記することにします（文脈によってはパワーと表記）。基本的には、「パワー＝影響力」とご理解ください。

それでは、本章を含む三つの章において影響力（パワー）について見ていくことにしましょう。まず、次の問いについて考えてみてください。

【ウォーミング・アップ】

あなたが次のような行動を取ったとします。あなたはなぜそうした行動を取ったのでしょうか。あなたに働きかけてきた人は、あなたに対してどのような影響力（パワー）をもっていたのでしょうか。

（1）今度、飲みに連れて行ってくれるというので、早く帰りたかったにもかかわらず同僚の残業を手伝うことにした。

（2）言うとおりにしないと、以後、取り引きを中止すると相手の営業担当者との雰囲気が険悪になってきたので、しぶしぶ安い単価で品物を売ることにした。

（3）今度の日曜日は家族サービスをしようと思っていたところに、上司から文書作成を頼まれ、断りきれずに承諾した。

（4）医者がタバコをやめるように言ってきたので、いやいやながらもやめることにした。

（5）目に入れてもいたくない娘がどうしてもおしゃべり人形がほしいというので、買ってやった。

（6）相手が原子力発電の長所と短所をあげた後、原発にはまだ解決されていない問題が山積されていることを具体的な資料とともに話すので、原発に対して否定的な考えをもつようになった。

（7）会議で同僚と意見を衝突させたが、その同僚が別の同僚を連れて説得しに来たので、今回は相手の意見に同意することにした。

（8）友人が親の治療費のためにどうしても20万円を都合してほしいと泣きつくので、自分に余裕があるわけではないが、何とか都合してあげた。

それぞれの例において、与え手がもっていたと考えられる影響力（パワー）は必ずしも一つとは限りません。しかし、それぞれの事例には、特徴的な影響力（パワー）が隠されています。今から60年ほど前になりますが、フレンチとレイヴンという米国の社会心理学者が影響力（パワー）の基盤（base）を6種類に分類しています[34]（図1-2）。この分類は、現在でも社会心理学、組織心理学、経営学などの領域でよく引用されているものです。それぞれの基盤に「パワー」（power）の言葉を付けて、報酬パワー、罰（強制）パワー、正当パワー、専門パワー、参照・魅力パワー、そして、情報パワーと名づけました。彼らは、この6種類を並列的に紹介していますが、それら相互の関連度にもとづいて図1-2のように、大きく三つに分類できると考えられます。報酬パワーと罰パワーについては、報酬と罰という「資源」（resource）をもっていることがパワーをもたらしています。資源というと天然資源のようなものをイメージしやすいでしょ

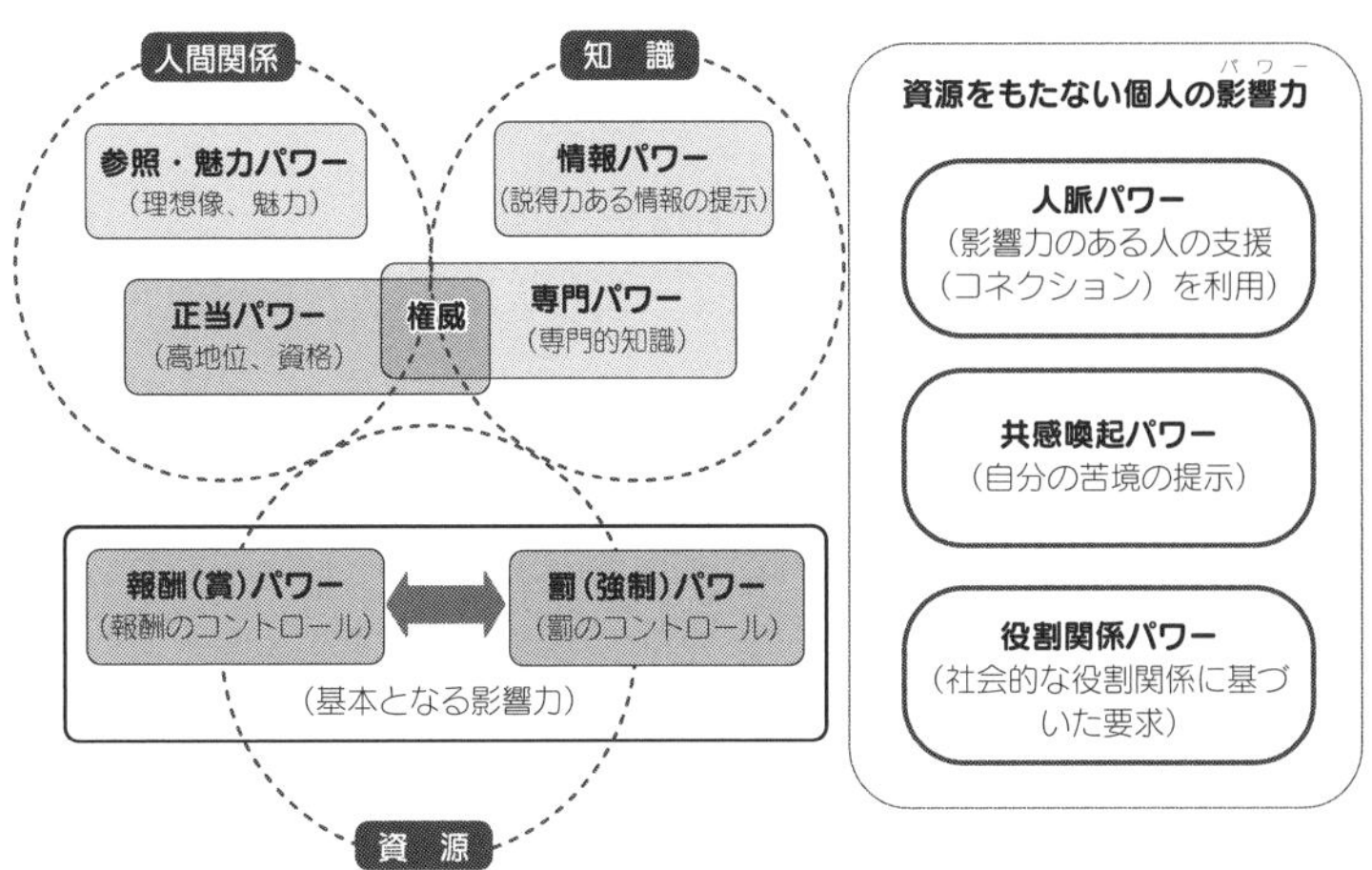

図 1-2　影響力の種類と相互関係［今井（2018）図 16、p.170 を改変］

うが、ここでは、人間関係において何かを行う際の元になるものという意味で使っています。次に、専門パワーと情報パワーは、ともに「知識や情報」に関連するパワーです。知識や情報もある意味、報酬や罰と同じような資源と言えますが、資源の中でも知識や情報は特別に影響力を構成していると考えられるので別立てにしてあります。残りの正当パワー、参照パワーは、受け手がとらえる与え手の特徴が影響力の元となっている、いわば、受け手から見た与え手との「人間関係」が元になったパワーです。この大分類にもとづけば、次のように表現できます。

「資源がパワーとなる。知識がパワーとなる。そして、人間関係がパワーとなる」

この後、第1章～第3章において、これら3グループの影響力を見ていくことにします。なお、それ以外にも図1－2の右側部分にあげた影響力（パワー）が考えられますので、それらについても第3章で紹介します。

第1章では、まず報酬パワーと罰パワーに注目したいと思います。なぜならば、それらが6種類のパワーの土台になっていると考えられるからです。そして、なぜ土台になっているかといえば、私たちには「報酬を獲得し、罰を回避しようとする」行動傾向が備わっているからです。

第二節　報酬をコントロールできる場合のパワー

◉こんな経験ありませんか

今度、飲みに連れていくというので、別の予定があったが、同僚の残業を手伝うことにした。

1　報酬パワー

受け手にとって報酬（reward）となるものを与え手がコントロールできる場合、与え手は**報酬パワー**をもつと表現することができます（図1－3）。報酬にどのようなものがあるかについては後述します。また、「コントロールできる」とは、与え手が受け手に対して報酬を与えることもできれば、与えないでおくこともできる、また、その報酬の量を自由に操作できることを含んでいます。

影響力（パワー）をもっているとは、あくまで受け手に影響を与えることのできる状態（能力）を示しているに

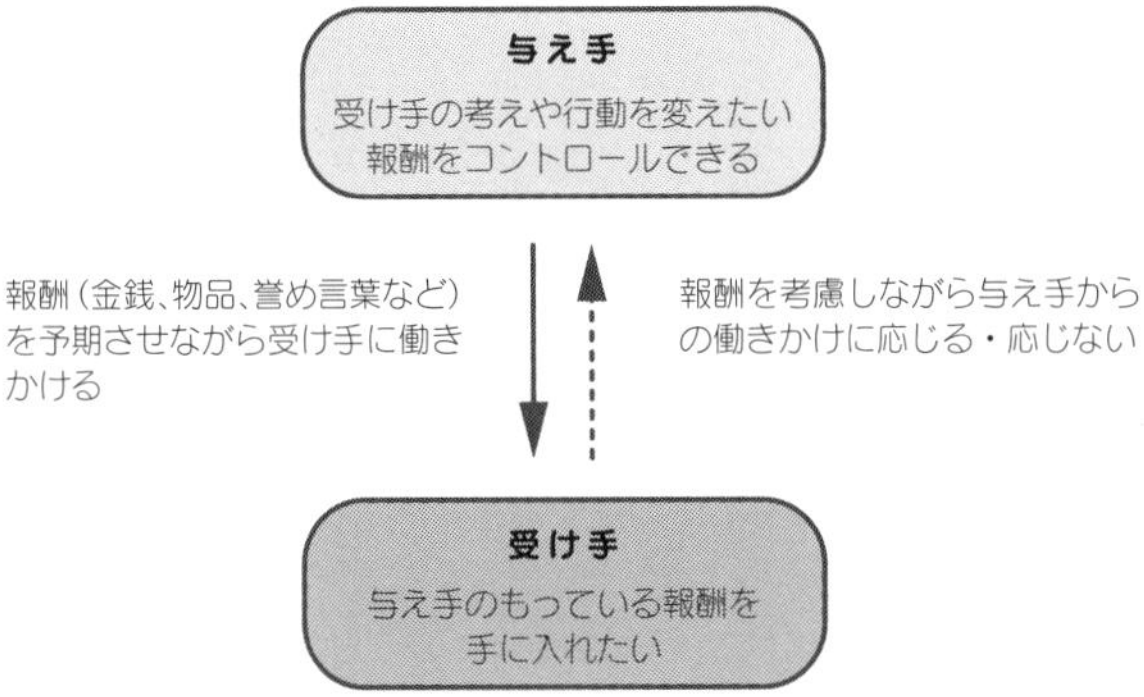

図1-3　報酬パワーにもとづいた働きかけ

過ぎません。その効果を実現するには、受け手の行動を与え手の望むように変えることができるように報酬をうまく利用することになります。通常は、ある行動を取れば、ある報酬を与えることを約束するという形が取られます。たとえば、「ランチを奢るから買い物につき合ってくれないか」と受け手にいう場合です。受け手の方は、単に買い物につき合ってほしいと言われた場合に比べて、つき合ってあげようという気になるかもしれません。その理由は、与え手のいう通りに行動すればランチをご馳走してもらえるからです。この場合、下宿している学生がときどき体験するように、3日間を5百円で過ごさなければならないとか、奢ってもらえる食事が高価な場合には、その食事の価値が高くなって、買い物につき合おうという気になりやすくなります。つまり、食事を奢ってもらえることが、「働きかけに応じること（応諾）の報酬」になり、それに応じる気になります。また、報酬を受け手に与える（ことの約束を行う）タイミングによって、影響手段のバリエーションを考えることができますが、それについては第4章で見ていくことにします。

人によっては、報酬で人を釣るという側面に目が向き、反発を覚える人もいるかもしれません。報酬を与えることと引き換えに、与え手のいう通りに行動するよう（多少、強引に）受け手に促すという側面です。そのため、報酬パワーが必ず、与え手の期待した効果をもたらすとは限らないことにも注意する必要があります。

2　オペラント条件づけ

報酬がパワーの基盤となるのは、報酬となるものを獲得しようと行動する傾向が私たちにあるからです。そうした行動のメカニズムについて見ておくことにします。報酬を使った働きかけというのは、アメリカの心理学者・スキナーが見出した**オペラント条件づけ**（道具的条件づけ）と関連しています。[125] 彼は、動物や私たち人間が自発的に行った行動のうち、特定の行動の直後に報酬を与えるようにすると、その行動を頻繁に行うようになることを明らかにしました。つまり、動物や私たちの行動パターンが報酬によって変化させられるということです。

【オペラント条件づけの実験】

彼の行った実験を簡単に見てみましょう。彼は、スキナー・ボックスと呼ばれるラット（比較的大型の実験用ネズミ）用の飼育箱を作りました。その箱の内部にはレバーが取り付けられており、それを押すと餌（えさ）が一粒出てくるようになっています。この単純な構造の箱の中に、空腹状態のラットが入れられます。ラットはお腹がすいていますが、レバーを押せば餌が出てくるようになっていることは知りません。

こうした状況におかれたラットはどのように行動するでしょうか。私たちが新しい環境に置かれると

（たとえば、新しい土地に引っ越してきた場合、あるいは、初めてのショッピング・モールに来た場合）、自分がどのような状況にいるかを確かめるために、事前に調べたり、あちこち探索したりして情報を集めようとします。ラットも同じように探索行動を行います。ボックス内を動き回ったり、立ち上がってボックス内上部のようすを確認したりします。

そのうち、身体の一部がたまたまレバーを押し、餌が一粒出てきます。ラットはお腹がすいていますから、すぐにそれを食べます。ラットにとっては、なぜその餌が出てきたのか、その原因や仕組みを理解することはできません。同じような体験を繰り返すうちに、ラットは次第にレバーを押せば餌が出てくることを学習するようになります。そして、満腹になるまで、ものすごい早さでレバーを押し続けるようになります。

スキナー・ボックスを作った実験者としてのスキナーから見れば、ラットに餌を与えることを通して、「レバーを押す」という行動をラットに学習（習得）させたことになります。つまり、ラットに報酬を与えることによって、ラットに新しい行動を獲得させたわけです。ここにラットに対する実験者の影響力が存在しています。私たちが犬や猫などのペットにお手やお座りなどの芸を覚えさせる場合も、基本的にオペラント条件づけのメカニズムが働いています。

逆に、私たちがオペラント条件づけされている場合もあります。たとえば、赤ん坊をあやすときです。初めての親はどのようにすると赤ん坊が喜ぶのか見当がつきません。そこで、自分なりに工夫して、いろいろなあやし方を試してみます。たまたま赤ん坊に顔を近づけながら「バァー」と声を出すと、赤ん坊が「キャッキャッ」と喜んだとします。親はそのようにすると赤ん坊が喜ぶのかもしれないと考えて、また同じ動作を繰り返します。そして、再び赤ん坊が喜ぶと、自分の動作が赤ん坊を喜ばしているのだと確信して、何回も繰り返すようになります。赤ん坊の方は、親を条件づけようという意図をもっていないでしょうが、親の方は、赤ん坊の喜ぶようすを報酬ととらえ、結果的に、赤ん坊の望むような行動を多く取ることになるのです。

3　何が報酬になるのか

さて、受け手にとって何が報酬となるかを（影響の与え手が）判断するのは、結構むずかしいことです。スキナーのようにラットに餌を与えないで空腹状態にすれば、餌が非常に価値あるものに違いないと判断できます。しかし、私たちの生活においては、そう単純に判断することはできません。

たとえば、金銭は、現代の経済社会に生きる私たちにとって、共通の報酬になっています。しかし、先ほどの食事を奢（おご）るという例からもわかるように、金銭に対する見方は人によって異なります。暗に賄賂（わいろ）を要求するような、金銭に非常に大きい価値をおいている人がいる一方で、不正に金銭を受け取ることをひどく嫌う人もいます。したがって、それぞれの場面ごとに、受け手にとって何が報酬となるのか、そして、どのくらいの量の報酬が最適なのかを判断しなければなりません。

金銭のほかには、価値のある物品（例にあげたランチ）、精神的な励ましや誉めることなどが報酬となります。そして、①受け手がそれらを少ししかもっていないほど、②それらを手に入れたいと思っているほど、そして、③第三者からそれらを手に入れるのがむずかしいほど、報酬としての価値は高くなります。

なお余談になりますが、人を誉（ほ）める場合には、二つの側面があります。一つは、その人自身の能力や努力を誉める場合（たとえば、絵を描く能力やセンス）とその人のつくり出したもの（その人の描いた絵画）を誉める場合です。もう一つは、誉める対象について全般的に誉める場合（「とてもいい絵だね」）と特定の部分を指摘しながら誉める場合（「ガラスの花瓶の透明感がリアルだね」）です。相手のつくり出したものを特定的に誉めた方が、誉められる側にとって情報量が多く、やる気が大きくなるようです。(9)

第三節　罰をコントロールできる場合のパワー

◉こんな経験ありませんか

・言う通りにしないと、今後取り引きを中止すると相手の営業担当者が怒り出したので、しぶしぶ安い単価で品物を売ることにした。

・将来の昇進に響くことをほのめかされ、上司からの提案通り、単身赴任することにした。

1　罰パワー

次に、報酬とは逆に罰をコントロールできることにもとづいた影響力(パワー)を見ていきましょう。先ほどの報酬パワーは「アメとムチ」のうちアメを用いた影響力(パワー)ですが、今度は「ムチ」にもとづいた影響力(パワー)です。私たちにとって望ましくないもの、できるだけ避けたいと思っているものは、「罰」(punishment)と呼ばれています。罰も報酬と並んで、人に影響を与える力をもっています。

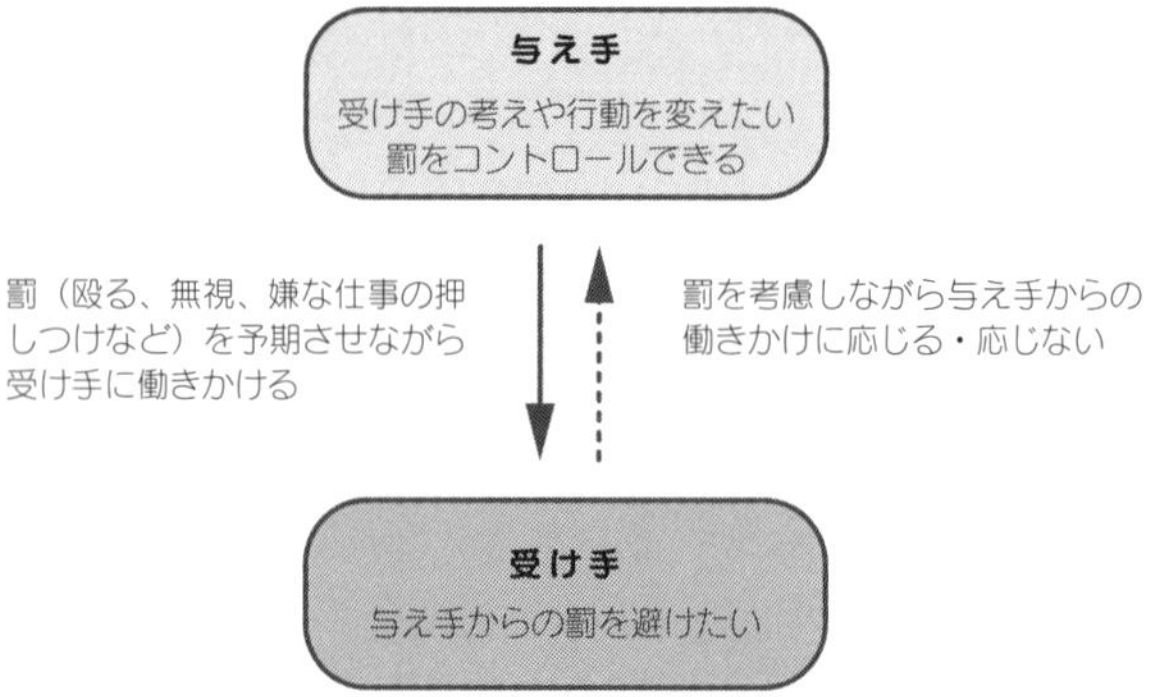

与え手
受け手の考えや行動を変えたい
罰をコントロールできる

罰（殴る、無視、嫌な仕事の押しつけなど）を予期させながら受け手に働きかける

罰を考慮しながら与え手からの働きかけに応じる・応じない

受け手
与え手からの罰を避けたい

図 1-4　罰パワーにもとづいた働きかけ

なお、ここでいう罰は、人を傷つけたり盗みを働いたりした、反社会的な行為を取った人に対する罰という意味ではなく、今述べたように、わたしたちにとって不快なものを総称して罰と呼んでいます。

罰パワーにもとづいて受け手に働きかける場合は、通常、もし働きかけに応じなければ、罰を与えると脅したり、働きかけに応じるまで罰を与えたりするという形で使われます。多くの場合、受け手が嫌がるようなことをあえて行動させるために罰を用います。言い換えれば、有無を言わさず強制的にある行動を取らせたり、ある考えを支持させたりするときに罰を用います。そのため、フレンチとレイヴンは罰にもとづいた影響力を強制パワー（coercive power）と呼んでいます。本書では、報酬パワーと対応させるために、わかりやすく**罰パワー**（図1-4）と呼ぶことにします。

罰には、身体的苦痛や精神的苦痛を与えること、現在もっているもの（金銭、物品、地位など）を剥奪することなどがあります。罰も報酬と同じように、何が罰となるかは、働きかけられる側の状況によって異なってきます。屈強な身体つきをしている人に「言うことを聞かないと殴るぞ」と言ってもあまり効き目はないでしょう。また、失うものを何ももっていない受け手にとっては、何かを剥奪されるという意味での罰は、少ないと考えられます。

究極的な罰は、相手を殺すことです。それを使って新聞社に圧力をかけたのが、１９７８～１９９５年に起きたユナボマー（the Unabomber：連続小包爆弾犯人）事件です。アメリカ・モンタナ州リンカーン郊外に住む元大学助教授（当時）テッド・カジンスキーが有力な容疑者として逮捕されました。ユナボマーは、18年間に渡って、大学や空港に匿名の爆弾を送りつけ、そのために３人が死に、23人が負傷しました（大学 university と航空会社 airline の頭文字に爆弾犯 bomber をつけて the Unabomber と呼んでいる）。１９９５年、ユナボマーが声明文を『ニューヨーク・タイムズ』紙と『ワシントン・ポスト』紙に掲載するよう申し入れてきました。もし掲載すれば、今後、小包爆弾を送付することを中止すると言ってきました（現在であれば、ネット上に自分の声明文をアップすることができますが、当時としては新聞社を脅迫することが自分の考えを多くの人に知らせる有力な方法でした）。新聞社はこうした形で表現の自由が侵害されることを懸念しましたが、米・司法省とＦＢＩからの要請もあり、『ワシントン・ポスト』紙の別刷り紙面という形で声明文の全文が掲載されました。これは、明らかに罰パワーを使って、強制的に新聞社の行動を変えたことになります。しかも、あらかじめ人を殺しておくことによって自分の罰パワーを確立し、その上で新聞社と取り引きをするという周到な計画がされていたといえます。

ユナボマー事件の場合は、長期にわたる計画によって効果的に罰パワーを確立し、犯人からすれば成功した事例です。しかし、現在は、ツイッターやインスタグラムなどのＳＮＳがあります。それを使って、簡単に自分の罰パワーを確立できます。例えば、コンビニの店員の対応が悪いことに腹を立てたお客が「ＳＮＳでこの件を拡散しますよ」と脅すことが罰パワーになります。そうされることを嫌がる店員にとっては、弱みを握られたことになり、罰パワーの影響を受けやすくなります。ただし、影響力（パワー）の大きさは相対的なものなので、その店員がたまたまＳＮＳで10万とか20万人のフォロワーを抱えており、客の方が理不尽なことを主張していると考える場合には、自分にも対抗措置があることを客に伝えて、客の拡散意図を削ぐことも可能となります。

罰パワーを行使することは、多くの場合、受け手の反発（backlash）をもたらしやすく、当座は、あるいは、表面的には受け手の考えや行動を与え手の望むように変えることができたとしても、その後の対人関係が悪化する覚悟が必要です。受け手の方は、強制的に自分の行動を変えられるように感じ、反発（「心理的リアクタンス」第7章参照）しやすくなるからです。右記の『ワシントン・ポスト』紙も喜んで別刷り紙面を作成したわけではないでしょう。それは苦渋の選択の結果であり、このような状況に追い込んだユナボマーに対して怒りを覚えていたことと思います。受け手の考えや行動を無理矢理変えさせようとすることは、その反作用も大きいというデメリットにも注意を払わなければなりません。

2　攻撃行動としての罰パワーの行使

私たちにとって、基本的な報酬は金銭ですが、基本的な罰は、身体に苦痛を与えられることでしょう。身体に苦痛を与える方法として、殴る、蹴る、拳銃やナイフなどの道具を使った攻撃を加えるなどをあげることができます。したがって、罰を用いて相手に影響を与えようとする場合は、攻撃行動と関連しています。

攻撃行動は人の嫌がること（つまり、罰）を人に与える行動です。その場合には、人に罰を与えること自体が目的となっている場合も含まれます。１９８０年代中頃から社会問題になっているいじめ、あるいは、親による幼児虐待などの現象は、人に攻撃を加えること自体も目的とする行動です。一方、罰パワーの行使の場合は、罰を用いて人の行動や考えを変化させることが目的です。両者を明確に分けることはむずかしいでしょうが、罰パワーの場合は、手段として罰を用いることに力点が置かれています。

そのために、実際に罰を受け手に与えなくても、「言うことを聞かなければ、罰を与えるぞ」と脅しをかけるだけで与え手の意向を受け手に伝えることができます。たとえば、次のような実験があります。

3　罰の警告による効果

大学生にふたり一組でアナグラム（でたらめに並べられたアルファベットの位置を入れ換えて、意味のある単語にするゲームです。たとえば、“t, y, o, c, i, a, d, i, n, r”→“dictionary”）を行わせました。ふたりのうちひとりはリーダーになり、成績に応じて、別のひとりに報酬や罰を与えることができました。このリーダー役になった人は、実は、実験協力者（サクラ）でした。**実験協力者**とは、実験中、どのように行動（演技）すべきかをあらかじめ実験者から指示を受けていた人のことです。したがって、リーダーから指示を受けるもうひとりの人が本当の**被験者**（研究者が必要とするデータを提供する人で、最近では、実験参加者とも表現される）だったのです。

この実験では、報酬（成績がよい場合に特別得点を与える）や罰（成績が悪い場合に得点を持ち点から差し引いてしまう）を被験者に与えた方が成績が上がるのか、それとも与えない方が成績が上がるのかを明らかにするために行われました。そして実験の結果、報酬を与えても与えなくても被験者の成績に差のないことがわかりました。さらに、罰の場合は、罰を与えない方が罰を与えた場合よりも成績のよいことが認められました。(124)

この実験だけにもとづいて、この結果をあらゆる状況に当てはめてしまうのには慎重でなければなりませんが、どうやら罰を与えることを警告するだけで受け手の作業量を左右できる場合もあるようです。前述した罰パワーの行使に対する反発ということも考えると、罰を用いて受け手に働きかける際には、極力、受け手の抵抗を生じさせないようにする必要があるといえるでしょう。しかし、罰を受け手に提示しなければ、受け手に影響を及ぼす可能性は低くなります。ということは、与え手から罰を受け手に対して直接的に指し示すというよりは、受け手の方から与え手のもつ罰の存在を認識できるようにもっていくこと、また、実際に罰を与えてしまっては、将来的な受け手の反発が予測されるので、罰を与えることの脅威だけで受け手が応じるようにもっていくことです。たとえば、屈強な身体つきと鋭い眼光で相手を威圧するというような場合です。

本章では、報酬や罰という資源にもとづく影響力(パワー)に焦点を当てました。

「資源(報酬や罰)がパワーとなる」

ということです。次章では、知識や情報にもとづくパワーを見ていくことにします。

第2章　知識にもとづくパワー

第一節　専門的な知識にもとづいたパワー

◉こんな経験ありませんか

・医者からタバコを吸うことが身体に悪いと言われ、長年吸い続けてきたタバコをやめた。

・弁護士が相手に内容証明付きの手紙を出しておいた方がよいとアドバイスしてくれたので、そうすることにした。

・家族に不治の病いを患っている人がいるので、ある宗教家のところに相談しに行ったところ、先祖を供養していないからそうなるのだと言われ、高額だとは思ったが、言われるがままに20万円の供養料を支払った。

与え手

受け手の考えや行動を変えたい
豊富な専門的知識や技能を提供可能

専門的知識が豊富なことを直接的・間接的に提示しながら受け手に働きかける

与え手の専門性を判断して、与え手からの働きかけに応じる・応じない

受け手

自分より専門的知識のある人の
言葉には従っておいた方が得策である

図 2-1　専門パワーにもとづいた働きかけ

1　専門パワー

三番目のパワーは、**専門パワー**です（図2―1）。これは、学問、スポーツ、料理、芸術など、特定の領域において、人よりも豊富な専門的知識や情報をもっていることから生じるパワーです。たとえば、医者から運動を勧められれば、自分の親や配偶者から言われるよりも運動しようという気になると思います。また、自分が尊敬している映画評論家がおもしろいと評論した映画は、映画にそれほど詳しくない知り合いが推薦した場合よりも見に行ってみようという気になるでしょう。

私たちが医者や映画評論家の専門性を認めているために、そうした人たちから影響を受けやすくなるのです。ただし、影響の受け手がその専門性を認めていなければ、与え手の専門パワーの効力は発揮されません。

筆者が大学生の頃経験したことですが、英会話教材の販売に関する電話がいろいろな会社からかかってきました。何回もそのような電話がありましたので、いったいどのような手口で商品を売り込むのかと思って、あるとき、大学の近くの喫茶店で男性販売員に会うことにしました。会ってみると、販売員は英会話に関心があるかどうかを聞いてきました。その当時、英会話学校に通っていましたので、関心があると答えました。すると販売員は英検には関心があるかと聞いてきました。英会話学校の関係から、英検よりもイギリスの英語資格試験に関心があり、その初級に合格したことを話しました。しかし、販売員はその資格試験に関する知識をもっていませんでした。「英会話教材を売っていながら、それに関する知識は少ないのだな」と判断し、その後、余裕をもって販売員に接することができました。もちろん、高額な英会話教材は買わないで、コーヒー代だけご馳走になって帰ってきました。販売員にとっては応対しづらい客だったと思います。はからずも自分の専門的な知識不足を露呈してしまい、筆者に対する専門パワーをなくしてしまったわけですから。

それでは、相手から専門パワーがあると認識してもらうために、どのような方法が考えられるのでしょうか。一つは、特定の相手に対して、折に触れて自分の専門性の高さを提示していくことです。少しずつそうした機会を積み重ねていくことによって、相手から認められる可能性が高くなってきます。

でも、そのような時間的余裕がなく、初対面の人に会わなければならない場合にはどのような方法があるのでしょうか。自分の専門性を高めておいた上で、それを保証してくれる制度（資格試験）を利用して、資格をもっていることや専門家としての経歴があることを相手に伝えるわけです。多くの場合、誰もそれが嘘だとは思いませんから、その時点からその相手に対する専門パワーが発生することになります。ただし、その後、専門家としての優れた知識を披露できなかったり、適切な判断を下せなかったりした場合には、筆者が会った販売員のように、たちどころに専門パワーを失ってしまうことになります。

また、自分の専門的な権威を高めるために、専門書あふれる部屋、音響機器の並んだスタジオなどのように、自分の専門領域にふさわしい環境作りをして、その中に相手を招き入れるという方法も考えられます。もちろん、自分の権威を示すシンボル（制服、バッジ、資格証）があれば、それも忘れずに活用します。(18)

2 専門パワーと信頼性

専門性の提示に失敗してしまうことのほかにも、専門パワーを失わせる要因がもう一つあります。それは、受け手から信頼されないことです。(108) いくら専門性が高いと認められていても、「信頼できない」専門家という烙印（らくいん）を押されてしまったら、専門パワーは消失してしまいます。「信頼できない」専門家というのは、受け手の利益よりも与え手自身の利益を優先させる行動を取ったり、言うことが時間や場所によってころころ変わったりするような専門家です。

あるテレビ番組を見ていましたら、次のようなエピソードがありました。ある家に年代ものの掛け軸や書があり、その家の人は評価額を知りたく思っていました。たまたま、近くの公共機関に鑑定家が出張してきて、年代ものの品を鑑定してくれることになりました。その人は、早速、掛け軸をもって行きました。しかし、鑑定家は、鑑定した後、「これらの品を売ってくれれば、評価額を教える」といったそうです。その鑑定家がどの程度目利きができるかどうか問題ですが、仮に鑑定能力があったとしても、信頼性には欠ける人だといえます。なぜなら、鑑定家自身に利益が得られる場合だけ、自分の専門的知識を使うというわけだからです。このような信頼できない専門家に対して、私たちは低い評価を下し、その結果、その専門家の言う通りに行動することは少なくなります。

また、意見や主張がころころ変化することの欠点は、専門パワーの場合に限ったことではありません。私たちは終始一貫した態度をもっていたり、行動したりする人を高く評価する傾向があります。会うたびに考えが変わっていたり、違う行動をする人は節操がない、信頼できない、コウモリ的存在だというように低く評価されてしまいます。言行一致であること、**一貫性**があることも重要です。[18] 私たちがそれを高く評価していることを利用した技巧的な影響手段が、第５章で紹介するロー・ボール法です。

３　専門パワーの限界

ひとたび受け手から専門パワーがあると判断されれば、その後は、自動的にその受け手に影響を及ぼすことができるようになります。ただし、そのパワーは、専門領域に限られます。医師が影響力(パワー)をもつのは、医療関係の領域だけです。たとえば、その医師が原子力発電について何か発言したときには、改めて、その医師の原子力発電に関する知識がどれくらいであるかを判断する必要が生じてきます。

私たちは、人がある領域で優れていることを知ると、ほかの領域でも優れていると判断してしまいがちです。これは人を判断するとき、私たちが偏った見方をしてしまうことに由来しています。社会心理学ではハロー効果と呼ばれている現象です。

ハロー効果とは、ある人が何か望ましい特徴をもっていると、その人がほかにも別の望ましい特徴をもっていると誤って推測してしまうことです。たとえば、容貌が良い人ならば性格や頭も良いだろうと判断してしまうことです。もちろん、世の中には容貌が良い上に、頭も良いという才色兼備の人はいるでしょう。しかし、容貌が良いからといって、性格が良いとか頭が良いという保証は必ずしもありません。与え手の専門パワーにもとづいて行動する場合には、私たちがこうした誤りを犯しやすいことを覚えておく必要があります。

4 説得研究にみられる専門性の効果

専門パワーに関連する研究は、すでに1950年代のアメリカで行われていました。それは、ホヴランドを初めとするイエール大学の研究者グループによる説得に関する研究でした(47)。**説得**とは、「受け手の抵抗や拒否が予測される事柄について、主に言語的な説得メッセージを受け手に対して意図的に提示し、（受け手を強制するのではなく）受け手の自由意思を尊重しながら、その事柄に対する受け手の考えや行動を与え手の望む方向に変えようとする、受け手に対する働きかけ」です(54)。もう少し簡単に言えば、言葉によって相手を納得させた上で、相手の**態度**（ある対象をどの程度ポジティブ－ネガティブに評価し、それに対してどのように反応しようと考えているか）を変化させる働きかけのことです。人の態度を変化させるために説得するので、態度変化の研究としても知られています。

ホヴランドたちは、説得を成功させる要因としてどのようなものがあるのかを明らかにしていきました。その中に説得者の信憑（しんぴょう）性（credibility）がありました。信憑性という概念は、専門性（expertise）と信頼性（trustworthiness）の2要因から成り立っていることが指摘されていますが、本書では、「専門性」という言葉で両者を表現することにします。

説得研究において、与え手の**専門性**についてどのようなことがわかったのでしょうか。基本的には、専門性の高い人は、専門性の低い人よりも受け手を説得することができるということです。あまりにも当然すぎる結論ですが、実際はもう少し複雑です。ある研究者は、与え手の専門性に関係する要因を分けて、研究結果をまとめています[108]。

一つは、説得の内容が受け手にとって重要な問題である（言い換えれば、自己関与度が高い）場合、与え手の専門性の効果は低くなります。受け手にとって、自分の価値観や利益が関わってくるような場合には、その問題について自分でよく考えるようになり、与え手が専門家だからその言いなりになるという安易な判断をしなくなります。

たとえば、日本酒について一家言ある人は、日本酒の専門家だからといってその言葉を鵜呑み(うの)にはせず、自分の舌や鼻で日本酒の良さを判断するということです。逆に、自分にとってどうでもいいような問題の場合には、説得内容についてあまり吟味せずに、専門家の意見に従っていれば間違いはないだろうと考え、専門家に影響されやすくなります。

二つ目は、一つ目とも関連することですが、受け手を説得した後に、与え手の専門性が高いことを知らせると、説得効果が低下する傾向があります。これも一つ目と同じような形でその理由を説明できます。つまり、与え手の専門性についてあらかじめ知らされていないと、説得メッセージの内容だけに注目し、それについて自分なりに考え、判断するようになります。その後、与え手が専門家であったことがわかっても、すでに下した自分の判断を重視して、それをなかなか変えない傾向にあるということです。

これは専門パワーの自己提示の問題とも関連してくることですが、相手に影響を及ぼす前に、影響の与え手の専門性が高いことを相手に充分知らせておく必要があります。逆に、受け手の側から見れば、与え手が自分の専門性をアピールしてきたときには、それを信じることができるかどうかを自分の目で冷静に判断する必要があります。それを怠ると、自称専門家から不当な影響を受けてしまうことがあるからです。

第二節　説得力ある情報を提供できる場合のパワー――情報パワー

◉こんな経験ありませんか

・今までは原子力発電が従来の発電に代わるものであると考えていたが、ある人から、原子力発電には廃棄物をはじめとして解決されていない問題がたくさんあること、世界中ではいくつもの原発事故が発生していることなどの情報をいろいろ聞かされ、原子力発電に対する見方を変えた。

専門パワーは専門的な高度な知識をもっていることにもとづくパワーでした。そうなると、知識を活用できるのは専門家だけになってしまいますが、そう考えてよいのでしょうか。いや、素人であっても受け手を納得させることのできる知識、情報を提示できれば、それが影響力(パワー)となりうるとレイヴンは考えたようです。これが**情報パワー**(informational power)です(図2－2)。

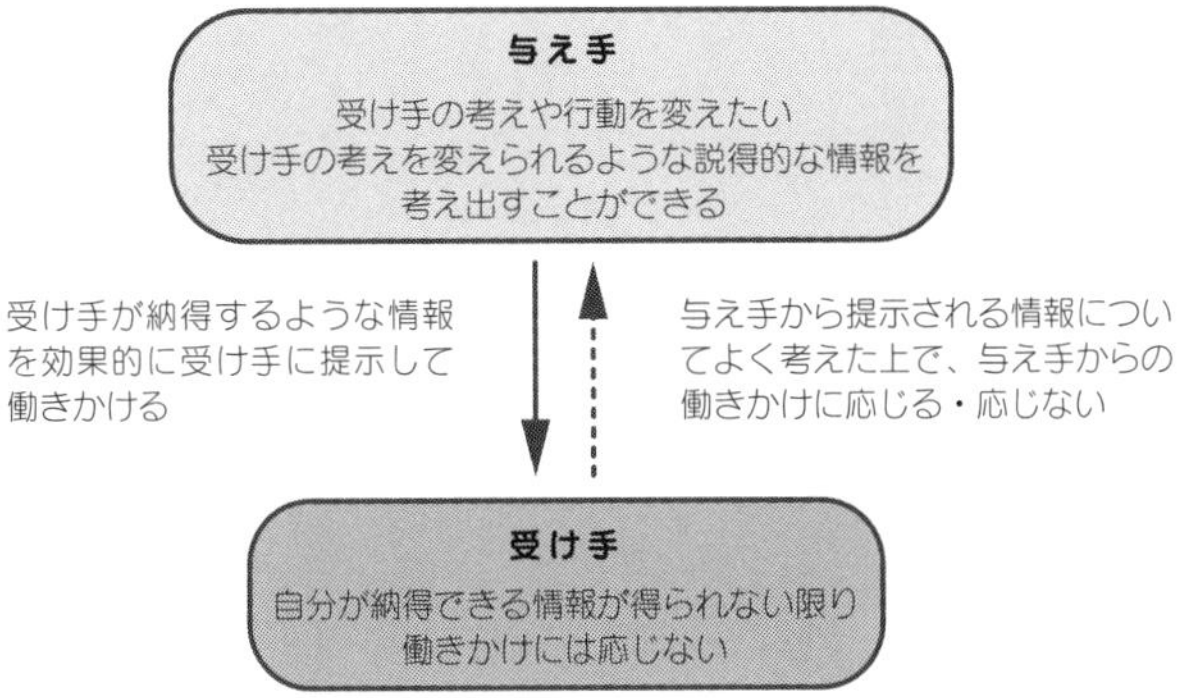

図 2-2　情報パワーにもとづいた働きかけ

１９９０年代に、ある宗教団体に入会していた人が、身内から脱会するよう言われてもなかなか聞き入れなかったけれども、長期間に渡る説得の末、ついに改心して脱会したという事例がありました。ある宗教が唱える教義や信条を信じることは、自己の根幹的な部分と関連することになりますので、簡単にそれを変えることはできません。一度信じた教義や信条を否定するということは、自分という存在を否定することにもつながるからです。したがって、５種類のパワーをもっている人が、脱会するように働きかけるだけでは、効果の小さいことがあります。そのような状況で重要なことは、いかにしてその信者を納得させるように働きかけるかということです。つまり、与え手が受け手に働きかけるためにどのような情報を伝えたかが問題になってきます。

別の例としては、販売員の仕事をあげることができるでしょう。たとえば、生命保険会社の販売員が顧客を増やそうとするときに、生命保険に加入することの必要性や加入した場合の特典、他社の生命保険と比べた場合の利点などを、相手の関心を引きながら話します。そして、それを聞いて納得させられた人が契約を結ぶことになります。こうした「働きかけの内容」の重要性を指摘したのがレイヴンであり、彼はそれを情報パワーと名づけました[115]。

情報パワーは、レイヴンによれば、「受け手の態度や行動を変化させるために、受け手に提示することのできる情報や論理的な議論にもとづいた影響力（パワー）」です[116]。右の説明でもおわかりいただけたかと思いますが、情報パワーにおいては、与え手が受け手に「何を言ったか」ということが大事なことです。

レイヴンははっきりと述べていませんが、情報パワーは受け手が納得するような内容の議論を考え出せる「能力」にもとづいたパワーです。その意味では、専門パワーとも関連してきます。つまり、問題となっている領域に関して、専門家ほど相手を納得させることのできるデータや知識を多くもっているわけですから、説得力ある情報を相手に提示しやすくなります。

ただし、専門パワーと情報パワーの違いもあります。専門パワーの場合は、与え手が専門性をもっているという（受け手の）認識にもとづいてパワーが発生します。そのために、与え手は自分の専門性を誇示するような行動を取ることによって、自分のパワーを増加させることができます。与え手が、一度、自分の専門性を受け手に首尾よく提示でき、受け手からの信頼を勝ち得たならば、その後はかなり自動的にその受け手に影響を及ぼすことができます。

一方、情報パワーの場合は、与え手が自分で説得力ある情報を集めたり、考え出したりすることによってパワーが生じてきます。したがって、受け手が納得するまで、何回も説得力ある情報を相手に提示しなければなりません。また、同じ受け手に影響を与えるのであっても、影響を与えるたびに、状況に応じた情報を用意しなければなりません。したがって与え手は、専門パワーの場合ほど、自分と受け手とのパワー関係に安住できるわけではありません。

なお、情報パワーには、レイヴンが指摘した形態とは別のものも考えることができます。レイヴンの定義は右に述べたように、受け手と対面した場合に受け手の考えや行動を変えさせることができるような説得性のある情報を提示することでした。もう一つの形態は、与え手が知らないうちに、与え手の行動を変化させることができるような働きかけ方を知っていることです。第8章で紹介する、「意図的で隠蔽的な」働きかけです。与え手としては、受け手に「○○してほしい」と意図的に働きかけるのですが、受け手の方はその意図を認識できず、知らないうちに与え手から影響を受けてしまうわけです。そうした働きかけ方に関する知識が一つのパワーを形成していると考えられます。

また、図1－2では、専門パワーと情報パワーを、報酬パワーと罰パワーという土台の上に配置してあります。これは、専門パワーや情報パワーにもとづいて受け手が与え手からの働きかけに応じる場合であっても、その背後には報酬や罰が存在していると考えられるからです。専門家の言葉や説得性のある情報にもとづいていれば、受け手にとって望ましい状態（報酬）になり、嫌な状態（罰）を回避できる可能性が高くなるからです。その場合の報酬は必ずしも与え手が受け手に提供しているわけではありませんが（その意味で、報酬パワーや罰パワーとは異なる）、与え手が間接的に報酬の獲得や罰の回避につながる働きかけをしているということです。

本章では、知識や情報にもとづくパワーを見てきました。**「知識がパワーとなる」**ということです。

次章では、人間関係にもとづく、正当パワー、参照パワー（それと関連する魅力パワー）、そして、一見、影響力（パワー）がないと思われる場合であっても影響力（パワー）をもつことができることについて見ていくことにします。

第3章　人間関係にもとづくパワー

第一節　働きかけることの正当性がある場合のパワー

◉こんな経験ありませんか

・運転中、前方に立っていた警官が車を止めるよう合図を送ってきたので、急いでいたが、車を路肩に止めた。

・上司が予定変更で急遽九州の営業所へ出張してほしいと言ってきたので、家族旅行の計画があったけれども、出張に行くことにした。

1　正当パワー

本章で焦点を当てるパワーは、与え手が報酬や罰のような資源をもっていたり、受け手よりも多くの

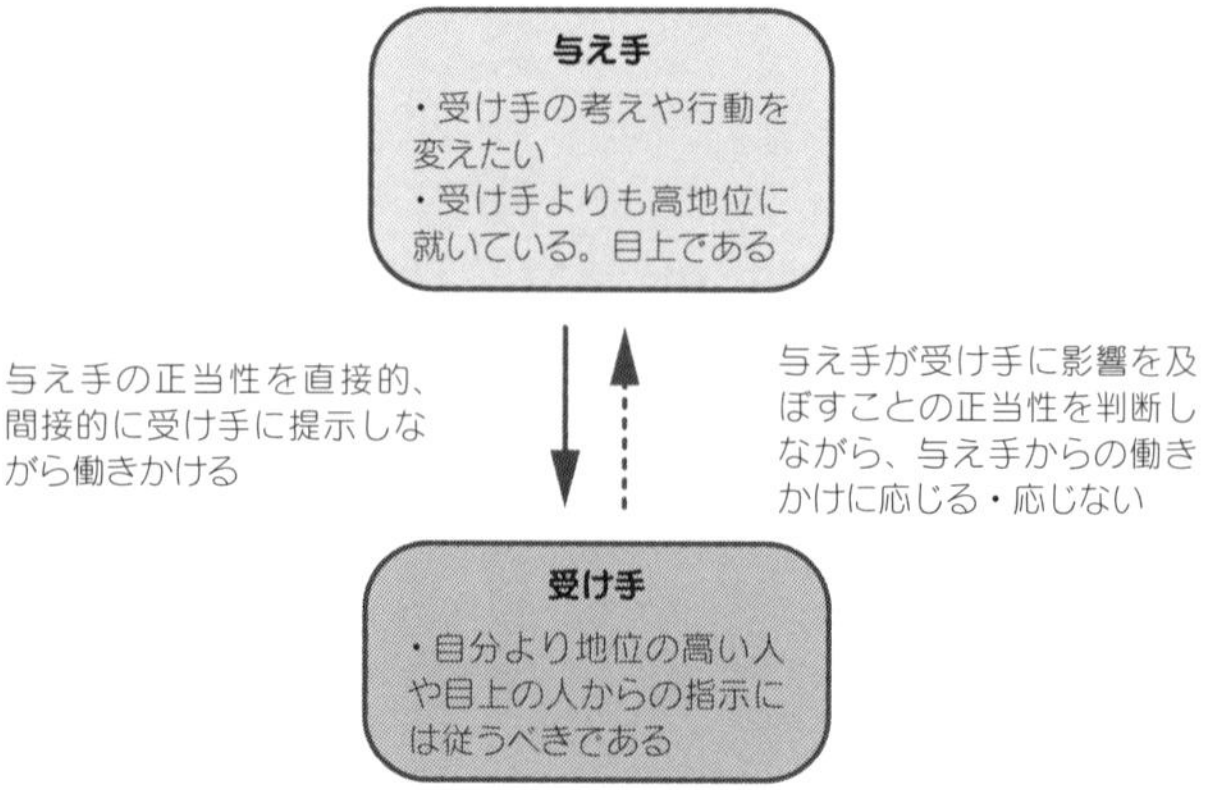

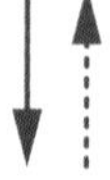

図 3-1　正当パワーに基づいた働きかけ

専門的な知識や情報をもっているのではなく、受け手と与え手との社会的関係性、それにもとづく受け手の認知や気持ちにもとづいたパワーです。まずは、社会的な**規範**（明文化されていない決まりごと）にもとづいて、与え手が受け手に影響を与えることが正当、当然であるという受け手の認識にもとづいた、正当パワーについて見ていきます。

たとえば、自分よりも地位の高い人から働きかけられると、それに応じなければいけないという気になります。会社で上司から残業を頼まれた、あるいは、大学のゼミの先生からゼミ合宿の計画書を作成するように言われた場合は、それぞれ同僚や同級生から言われた場合よりも断りにくいと思います。その理由は、自分よりも高い地位にいる人からの働きかけには従わなければならないという社会的な規範を守らなければならないと思っているからです。

与え手の立場に立ってみれば、人よりも社会的に高い地位に就くことによって、パワーをもつことになります。親‐子、教師‐生徒、上司‐部下、先輩‐後輩などは、こうしたパワーが生じる人間関係です。同じように、「自分よりも年齢が上の人には従わなければならない」という規範が多くの人に受け入れられている社会では、目上であることが影響力（パワー）をもつことになります。

こうした影響力（パワー）は、社会的に認められた規範にもとづいたものなので、**正当性**（法律や社会的通念から見て、正しい、理にかなっていると判断される状態であること）にもとづいたパワーといえます。フレンチとレイヴンは**正当パワー**（legitimate power）と名づけました（図3-1）。

正当パワーをもたらす要因にはどのようなものがあるのでしょうか。基本的には、今述べましたように、受け手が納得しているような、社会的規範が存在していればよいわけです。一つは、企業や官公庁のような組織内で決められた地位に就いていることです。会長は社長よりも地位が高く、社長は専務よりも地位が高い、専務は部長よりも地位が高いというように、組織内でそれぞれの地位の上下関係が明確にされていますので、それにもとづいた正当パワーが発生してきます。

正当性をもたらす二つ目の要因は、特定の血筋を受け継いでいることです。国家レベルでは、王家の血筋を引いていることによって、多くの国民からその正当性を認められます（このように政治の仕組みを国民が支持する程度を表わす場合は、「正統性」とも表現される）。ただし、その人が国家をまとめていくのに充分な能力（前述の専門パワーと関連する）を備えていれば問題はないのですが、そうでない場合には、その正当性に疑義がもたれることもあります。

正当性をもたらす三つ目の要因は、他の人よりも多くの報酬や罰をもっていることです。ほかの人に対して報酬を与え続けていると、最初は対等な関係であったとしても、いつしか自分の方が上位にいるような感じが生じてきます。逆に、報酬を与えられる方は、相手よりも下にいるという感じが生じてきます。たとえ、報酬のやりとりがなくても、報酬をもっている人がもっていない人に対して影響を与えることができるという認識が生じてきて、正当パワーが成立してきます。

罰の場合も同様です。子どもの集団では、はじめのうち上下関係はなくても、次第に腕力の強い子どもがリーダーとして目されるようになることがしばしば見られます。この場合も、罰を与えること（攻撃行動）を通して正当パワーが生じてきたといえるでしょう。ただし、単に罰を与えられる（攻撃される）のが怖いために、受け手が表面的に従っている場合もあります。その場合には、正当パワーは発生せず、罰パワーだけが効果をもっていたと判断した方が適切でしょう。

こうした点から、正当パワーの場合もその土台には報酬パワーや罰パワーが存在しているととらえることができます。その点も図1-2（9頁）に示されています。

2　正当パワーのもろさ

正当パワーで重要な点は、受け手が与え手の正当性を認めていなければならないということです。いくら上司が部下に命令しても、部下が「誰があんな上司の言うことを聞くもんか」と思えば、その部下は命令に従おうとはしないでしょう。上司が部下よりも単に高い地位に就いているだけでは、その上司は影響力をもつことができません。高い地位の人には従わなければならないという規範を部下が認め、その規範に従って行動するようにならなければなりません。専門的な表現を使えば、規範を内在化しなければならないわけです。

しかし、社会的な規範は絶対的なものではなく、時代や文化によって変化します。たとえば、日本に比べて韓国では「家」の意識が強く、親の子に対する影響力（パワー）が現在でも確立されているようです。また、日本国内においては、時代とともに、親の子に対する影響力（パワー）が弱くなっているのかもしれません。

このように社会的な規範が絶対的でないこと、その規範を受け入れるかどうかは受け手の認識に任されていることから、正当パワーというものは、ある意味、もろい基盤の上に成り立っていることがわかります。正当パワーは永久に持続するものではありません。このことは、『平家物語』の冒頭の一節、「祇園精舎（ぎおんしょうじゃ）の鐘の声、諸行無常（しょぎょうむじょう）の響（ひび）きあり。驕（おご）れる者も久しからず、盛者（じょうじゃ）必衰の理（ことわり）を表す」を私たちに思い出させます。

3　正当パワーがもつ大きなパワー

しかし、正当パワーの持続期間に限界があるからといって、そのパワーが小さいというわけではありません。第二次世界大戦中のヒトラーやある宗教的カルト（集団）の教祖を思い出せばわかるように、一度、正当性が認められてしまうと、非常に多くの人の服従を引き起こし、非人道的なことまで部下に命令できるようになります。そのように正当パワーと罰パワーが統合され、受け手の方が抵抗する意思をもたなくなってしまうと、受け手に対する絶対的なパワーが形成されることになります（そうした場合であっても、抵抗する意思をもつ受け手がいるので、絶対的なパワーが未来永劫続くことにはならないことは今までの歴史が示している）。

「私たちが正当パワーにもとづく命令に対していかに弱いか」を示した実験がアメリカで行われています。その実験は、アメリカ・イエール大学の心理学教授ミルグラムが行ったもので、「権威への服従」

に関する実験として有名なものです[89][90]（ここで「権威」という言葉を使っているが、今のところは「権威＝正当パワー」と理解しておく。両者の関係については後述する）。

私たちは、基本的に、ほかの人に対して罰を与えることを避けたいと思っています。私たちのこうした性質を前提とした上で、ミルグラムは、被験者にわざともうひとりの人物に対して罰（電気ショック）を与えなくてはならない状況をつくり出しました。

ある一つの実験では、アメリカ・コネティカット州のニュー・ヘイヴンに住む20歳から50歳までの男性40人が新聞広告を通して集められ、被験者となりました。実験室に入ると、被験者は「罰を与えることが記憶に及ぼす効果」を明らかにする実験であることを知らされ、さらに、実験の中で先生役に就くことになりました。隣室にいるもうひとりの被験者らしき人（実際には、実験協力者〈サクラ〉）が生徒役でした。

生徒が行うことは、対連合学習と呼ばれるものでした。中学校で英語を習い始めてから、単語カードを作って必死に英単語の意味を覚えた人もいたことと思います。このとき、私たちは英単語とその日本語訳とをつなげて覚えたわけですが、それが対連合学習です。つまり、“book” という単語と日本語の「本」をつなげて（連合させて）、“book” の意味を覚えたわけです。

ミルグラムは、あらかじめ「青い‐箱、素敵な‐日、野生の‐鴨、……」というような対になっている言葉のリストをつくっておき、それを生徒に覚えさせるという設定にしました。覚えたことをテストする時点で先生役は「青い――空、インク、箱、ランプ」というように、「青い」という言葉と対になる単語の候補を四つ読み上げ、そのうちのどれが「青い」と対にされていたかを生徒に答えさせるようになっていました。生徒が正しく答えられなかったとき、先生は生徒に対して電気ショックを与えなければなりません。しかも、生徒が間違うたびに15ボルトずつ強い電気ショックを与えなければなりませんでした。生徒役である実験協力者は、電気ショックのレベルが上がるにつれ、わざとつらそうな演技をしました。実際には、被験者が目の前にあるコントロール・パネルのスイッチを入れても実験協力者に電気ショックが与えられることはありませんでした。

先ほども述べましたように、私たちは意味もなくほかの人に罰を与えることはしないように教育されています。たかが記憶実験で間違ったからといって、生徒役が苦しんでいるのに、あえて電気ショックを与えようとは誰も思いません。そのような状況で、（実験者であるとすぐにわかるように）グレーの服を着た実験者は、「生徒に罰を与え、実験を続行するよう」先生役に命令したのです。そして、先生役が実験者からの命令にどの程度服従したかが測定されました。具体的には、どのくらい強いレベルの電気ショックまで生徒役に与えたかが測定されました。実験の途中で生徒役が電気ショックでつらそうにしているので、多くの被験者は実験を途中でやめたいと思い、そのことを実験者に申し出ました。しかし、申し出る度に実験者から実験を続行するよう言われました。そうしたやりとりを4回まで繰り返されると、さすがに実験を続けざるを得ない気持ちになり、62・5％の被験者が指示通りに最高レベルの電気ショック（450ボルト）まで生徒役に与えたのでした（この状況は、実験者が被験者に対して実験を続行するよう、かなり圧力をかけていたと解釈できる。通常、与え手から2、3回同じ指示を繰り返されたら、それ以上、抵抗することはやめてしまうであろう。多少勘ぐってみれば、ミルグラムは、服従率を少しでも高めるために、実験の続行指示を3回ではなく4回にしたのではないかと考えられる。ということは、指示や命令を繰り返すことが受け手の服従をもたらしやすくなるともいえる)。

また、バーガーは、ミルグラムの実験結果の再現性について2009年に発表しています。[14] 現代では、ミルグラムの実験をそのまま実施すると倫理的な問題がありますので、多少工夫をしてデータを収集したところ(たとえば、150ボルトまでで実験を終了し、それ以上、被験者に心理的負担を与えないようにした)、ミルグラムの実験結果と大きな差は認められなかったということです。

4 権威——正当パワーと専門パワーの融合

ミルグラムの実験は、「権威への服従」に関する実験であると言いました。先ほどは、「権威＝正当パワー」と考えられるといいましたが、ここで両者の関係を見ておくことにします。

被験者に対して権威者として振る舞っていたのは、実験者でした。実験者はどのような権威(authority)をもっていたのでしょうか。実験が行われた場所は大学の実験室であり、「記憶に及ぼす罰の効果」に関する科学的な実験が行われるという設定でした。グレーの服を着た実験者に、電気ショックを発生させる装置、そして、生徒役に取り付ける電極。それらが罰の効果という科学的真実を明らかにするための道具として充分な雰囲気を作っていました。そうした環境の中で、実験者は科学者としてその場を取り仕切る絶対的な存在と化していたわけです。被験者は、実験者からの指示、命令には従わなければならないという誓約書を実験の前に書いたわけではありません。しかし、彼らは暗黙のうちに、その実験を取り仕切っている実験者には従わなければならないと考えていたのです。

この実験の場合は、被験者が実験者の権威を受け入れていたわけですが、正当パワーの場合は必ずしも受け手にその正当性が受け入れられるとは限りません。権威は、こうした正当パワーの不安定性、あるいは、受け手の意思に左右されてしまう状況をなくすためのものです。**権威**とは「制度化された正当パワー」です。つまり、ある特定の人からの働きかけに従うことが当然であることを社会的に広く認めさせるために制度化されたものです。

権威がどのように発生するかを考えると、第2章で説明した専門パワーと深く関連していることがわかります。専門パワーは、ある特定の領域で専門的知識や技能を他の人びとよりも豊富にもっていることにもとづいているパワーです。その専門性を制度化すると正当パワーも発生し、権威が生じてきます。この場合は、権威といっても専門的権威といった方がよいかもしれません。

たとえば、医師は大学で6年間、医療や薬などに関する専門的な勉強をして、専門的知識や技能を身につけます。この時点で、ある程度の専門パワーをもっているということができるでしょう。そして、日本では厚生労働省が管轄する医師の国家試験に合格することによって医師の国家資格を手に入れることができます。さらに、大学院に進んで博士号を取得する医師も多くいます。国家試験に合格したり、博士号を取得したりすることによって、その専門パワーが国家的に裏付けされ、ある社会的な地位を獲得することになります。その結果として、医師としての正当パワーが生じ、さらには権威が生じてきます。

その中でも特に治療技術がうまいとか、世界的に業績が認められているとかという事実によって評判が高くなると、その権威はますます高くなってきます。そのほか、弁護士や大学教授などに、同じような例を見ることができます。

5　権威であることの自己提示

権威は、専門パワーの制度化、それに付随して発生する正当パワーというように、2種類の社会的影響力が融合した形で存在しています（図1-2）。しかし、ある人に権威があるかどうかは、その人の外見を見ただけではわかりません。そこで権威ある人の多くは、自分の肩書きを名乗ったり、肩書きの書かれている名刺を差し出したり、ふさわしい服装（制服、白衣、高級スーツなど）を身に付けたり、権威を示すバッジ（階級章、議員バッジ、弁護士バッジなど）を付けたりしています[18]。国家的あるいは宗教的な権威を示すためには、大量の資金と労力をつぎ込んだ荘厳な建物を建築したり、値を付けられないほどの芸術品を所蔵したり、壮麗な儀式を執り行ったり、巨大な墓を作ったりします。また、正当性を誇示するために何らかのシンボル（象徴）を保持することもあります。王家の正当な後継者であることを示すために、王冠や杖を代々伝えていく場合があります。たとえば、日本では皇室の三種の神器（八坂瓊勾玉、八咫鏡、草薙剣）がそれにあたります[50]。

ただし、私たちの生活では、権威をほかの人に認めさせる際に、肩書きや服装を使うしか方法はないので、たとえ権威がない人であっても、その格好を真似すれば、あたかも自分が権威者である振りをして、周囲の人を騙すことが可能となります。ときどき医師の免許をもっていない「にせ医者」が逮捕されるという事件が起きていますが、これも「医師」を名乗る人に私たちが騙されやすいことを示しています。騙す側は、受け手が「人が言っていることを疑うのは失礼である」と考え、言われた内容を疑おうとしない傾向を悪用しているといえます。

第二節　受け手の理想像になっている場合のパワー

◉こんな経験ありませんか
・尊敬する経営者の著作や伝記を読み、その経営者と同じような生き方を目指して努力している。
・恋人が映画を観に行きたいというので、喜んで連れて行った。

1　参照パワー

人間関係にもとづいた二つ目のパワーは、**参照パワー**です（または準拠パワー。図３－２）。これは、影響の与え手が、受け手の理想像になっている場合に生じてきます。私たちは、「あのような人になりたい。あの人のようにものごとを判断できたらいい。あの人のような仕事をしたい」などというように、ある特定の人を自分の理想として掲げ、できるだけ自分をその人に近づけよう、その人の態度や価値観を吸収しようと努力することがあります。そうした人から何か言われれば、すぐに言われた通りに行動する傾向があります。このように、受け手に対して理想的な存在であるということもまた、受け手に影響を及ぼすことを可能にする要因です。

ある人を理想像としているということは、心理学的に言えば、私たちがその人と同一視していることになります。**同一視**とは、精神分析のフロイトの考案による概念で、自分が他の人や集団と同じ（同

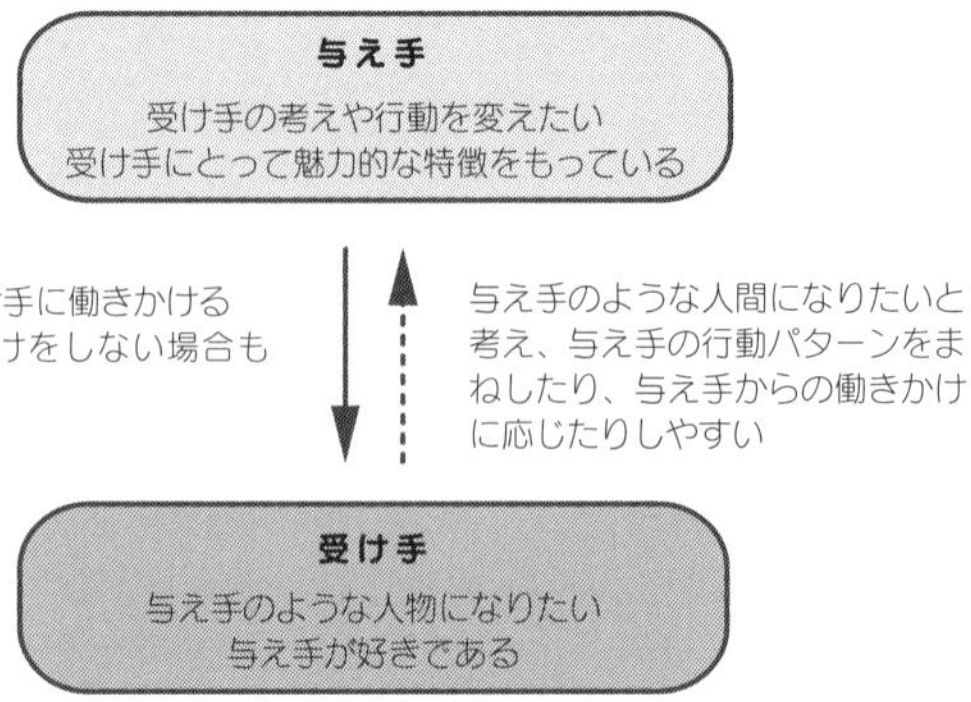

図 3-2　参照パワーにもとづいた働きかけ

一）であると見なすとともに、自分自身があたかもそうした人や集団であるかのように錯覚した経験をしたり、そうした人や集団と同じでありたいと願ったりしている状態のことです。

発達的に見れば、子どもが同性の親と同一視することがあげられます。子どもは、それを通して社会的な規範や常識を身につけ（社会化され）、成長していきます。また、自分の力では自分の欲求を満たすことができないような場合に、自分よりも力のある人と同一視して、自分の欲求を間接的に満たすことがあります。

それでは、人はどのような要因によって特定の人（対象人物）と同一視するようになるのでしょうか。基本的には、自分にはないものを対象人物がもっており、かつ、自分もどうにかしてそれを手に入れたいと願っている場合でしょう。

手に入れたいと思うものとして、具体的にどのようなものがあるのでしょうか。今までにあげてきた4種類のパワーが関係していると考えられます。つまり、いろいろな人に対して報酬や罰を与えることができる（多くの資金をもっている。腕力が強い）、大きなパワーをもつ社会的な地位に就いている（企業の社長である、多くの支持者をもつ国会議員である）、優れた専門的な知識や技能を身につけ、多くの人から高い評価を得ていたり、個人的に高く評価されたりしている（ノーベル賞を受賞した。剣道五段である。人当たりの良い人間味あふれるパーソナリティーである）などです。これらのものによって対象人物に対する認識が形成され、その対象人物と同一視するようになります。

なぜ同一視にもとづいたパワーを参照パワーというのでしょうか。特定の人と同一視すると、自分の態度や行動を決定する際に、その対象人物の態度や行動を「**参照**」（「引き比べて参考にすること」『広辞苑』第7版）するようになるからです。あるいは、対象人物の態度や行動に準拠した態度や行動を取るようになるからです。これは、ある意味で模倣行動です。そして、この点が参照パワーとほかのパワーとの大きな違いです。

今までに述べてきた4種類のパワーでは、与え手が受け手に対して何らかの要求を（意図的に）行ったり、受け手の態度や行動を変えさせようとしたりという状況でした。しかし、参照パワーの場合は、そのような意図的な影響のほかに、与え手が意図しないうちに受け手に影響を与えていることがあります。受け手から見れば、与え手を模倣するという側面があります。若者があるアーティストに対して同一視し、そのアーティストの話し方、ふだんの服装、持ち物、歌い方まで同じようにしようとすることはその一例です（第8章参照）。

2　参照パワーと好意・魅力との関係

参照パワーは影響の与え手に対する同一視から生じると述べました。影響の与え手と同一視している、あるいは与え手に引きつけられるということは、受け手が与え手に対して魅力を感じている、もしくは好意的であるということでもあります。ということは、参照パワーは影響の与え手に対する「好意」と関連の深いパワーでもあることがわかります。

影響の与え手と同一視しているということは、その前提として、与え手を好意的に評価していることになります。「あのような人になりたい」と願う気持ちは、「あの人が好きである」ことが前提になっているということです。なかには「参照パワーは好意にもとづいた影響力（パワー）である」という研究者もいます。[123]

しかし、「与え手と同一視していること」と「与え手が好きであること」とは関連しているでしょうが、まったく同じことであるとは考えられません。そこで、筆者は新たに**魅力パワー**（attraction power）というものを設定することを提案しました。[57] それは、影響の与え手が受け手に対して何らかの魅力をもっている、あるいは、受け手から好意（liking）をもたれていることにもとづいた影響力です。

好意が専門性とともに、与え手の重要な特徴であることは、ホヴランドらの研究からもわかります。基本的には、受け手から好意をもたれている与え手ほど説得力の大きいことが見出されています。しかし、次に示すように、好意にもとづいた説得が常に効果があるとは限らないことも確かです。

一つは、好きな与え手から説得される場合よりも、専門的知識の豊富な与え手から説得される方が、説得されやすいことです。[80][105] 二番目に、受け手にとって説得の内容が重要であるほど、好意の説得効果が小さくなる傾向にあります。これは、専門パワーの場合と同じで、受け手にとって重要な問題のときは、その内容の方をよく吟味して、自分を説得しているのは誰かという問題は、二の次になるからです。[108] したがって、好意による効果を過信しないよう注意しなければならないでしょう。

３　受け手から好意的に思われる方法

しかし、その効果がまったくないということではないので、たとえば、販売員はできるだけ自分が顧客から好意的に思われるように、いろいろな工夫をしています。

一つは、顧客やその家族の誕生日を控えておいて、誕生日にカードやちょっとしたプレゼントなどを贈ることです。これは、相手に報酬を贈ることによって、相手の好意を勝ち取る方法であり、報酬パワーと魅力パワーとの関係を示す好例です。前にも述べましたように、報酬パワーは相手に対して報酬をコントロールできることにもとづいた影響力ですが、相手に報酬を与えることを通して、相手の好意を得ることができるようになるという副次的な効果があります。

二番目に、単純接触効果をあげることができます(93)(143)。これは、身近にいて何度も会っていると、だんだんとその相手に対して親しみがわき、好意的になるということです。単に顔を合わせているだけでも自然と親しみがわいてくるようになります。テレビでは毎日同じＣＭが何回も放映されています。商品をできるだけ多くの人に知ってもらうためにそうしているわけですが、この単純接触効果をねらっているという側面もあります。したがって、相手から好意的に思われるためには、（あまりわざとらしくならないように）できるだけ相手と会う機会をつくることが一つの方法です。

三番目の方法は、出身地が同じであるとか、出身校が同じであるとか、子どもが同じ学校に通っているとかというように、顧客と自分との類似点を強調することです。言い換えれば、両者が共通点をもっていることによって好意が生じてきます。ある視点にもとづいて、自分と相手とが同じカテゴリー（グループ）に入ることが確認されると、その人に対しては好意的に行動する（たとえば、高く評価する、多くの金銭を分配する）けれども、自分とは異なるカテゴリーに入る人に対してはそれほど好意的に行動しないという**内集団ひいき**の現象があります。[128] また、自分と異なる態度や好みをもつ人よりも、自分と同じ態度や好みをもつ人に対して、私たちが好意的になることも見出されています。[16]

相手との類似点を強調するほかに、相手との類似点をつくることも一つの方法です。それは、相手と共通の体験をすることです。「同じ釜の飯を食う」という表現がありますが、相手と共通の体験をすることによって、相手との類似性が生じ、そのことによって好意的に思われるようになることがあります。

本節で紹介した正当パワーと参照パワーから言えることは、**「人間関係がパワーとなる」**ということです。

第三節　影響力（パワー）の相互関係

1　さまざまなパワーの相互関係

今まで見てきたパワーおよびそれに関連する概念の相互関係をまとめておくことにしましょう。図1-2（9頁）をもう一度見てください。それぞれのパワーを階層的に表現しました。6種類の影響力のうち、報酬パワーと罰パワーが基本的な影響力（パワー）と考えられますので、パワーの基礎部分（太枠線で囲った部分）となっています。第1章で見たように、私たちが報酬（アメ）を獲得し、罰（ムチ）を回避しようとするのは基本的反応であり、それにもとづいた影響力（パワー）が形成されます。両者は、互いに相反する関係にありますので、間にそれを示す矢印を描いておきました。ただし、報酬を与えることの約束、罰を与えることの脅威によって受け手の考えや行動を無理矢理変えようとするハードな側面もあることには注意が必要です。さらに、報酬や罰という資源をもつことが正当パワーの形成にもつながります。また、社会的な高地位に就いていることによる正当パワーや専門的な知識を豊富にもつことにもとづく専門パワーに従うことによって、報酬を獲得し、罰を回避することにもつながります。正当パワーと専門パワーが融合すると権威となり、より強力な影響力となります。

そして、与え手のもつ魅力、好感度、人間性が受け手との同一視を生み出し、参照パワー、それと関連する魅力パワーをもたらします。専門パワーと関連して、受け手に影響を与える場面において、受け手の考えや行動を変化させることのできる情報を作り出すことができる場合は、情報パワーをもつことになります。

2　新しい種類の影響力

私たちがもつことのできる影響力（パワー）は、これらの6種類がすべてなのでしょうか。図1-2については、まだ説明していない部分があります。左側の部分は、すでに見てきたもので、**資源**、**知識**、**人間関係**にもとづく影響力（パワー）です。他方、与え手が影響力の基盤をもっていない場合の影響力（パワー）も考えられ、それらを右側に表示しました。

少なくとも3種類考えられます。[52][61] まず、**人脈パワー**（connection power）は、影響力(パワー)をもっている第三者を与え手の味方につけて影響を与えることのできる場合です。[44] たとえば、企業内で上司の支援を後(うし)ろ楯(だて)にして自分の意見を通すという場合がこれに当てはまります。自分に影響力(パワー)がない場合、影響力(パワー)をもっている人の協力を得ることができれば、それが間接的に自分の影響力(パワー)になるということであり、レイヴンは「第三者の影響力(パワー)」と呼んでいます。[116]

第二の**共感喚起パワー**（empathy power）は、与え手が自分の苦境（資源不足）を効果的に提示することによって受け手の共感を引き起こすことにもとづいた影響力(パワー)です。たとえば、自分がいかに資金難に陥っており、このままでは倒産も免れないことを受け手の共感を呼び起こすように泣きつくことです。必要な資源をもっていないことを（開き直って）受け手に提示することによって、与え手のパワーが増加するという逆説的な影響力(パワー)です。ただし、自分の弱みを相手に見せることになるので、使い方を間違えると、自分をさらに苦境に陥らせることになってしまいます。レイヴンは、「困っている人を助けるべきである」という社会的責任の規範にもとづく「正当な依存」（「自分は苦境にいるのだから、人に頼るのは許される」）ととらえ、正当パワーの一形態としています。[117]「影響力(パワー)のない人の影響力(パワー)」(power of the powerless) であるとも指摘しています。

最後の**役割関係パワー**（role power）は、ふたりの社会的な役割関係にもとづいて、社会的な地位が低かったり、資源の乏しかったりする人が、それらをより多くもっている人に対して影響を及ぼせる場合です。たとえば、集団内で集団をもっとまとめるようにリーダーに要求したり、住民が市役所の担当係に駐輪場を設置するよう働きかけたり、警官に違反駐車の車を取り締まるよう要求したりする場合です。つまり、両者の役割関係にもとづいて、通常は何ら社会的地位をもっていない側が主体となって、相手が行うべき仕事や職務を遂行するよう促すことのできる影響力（パワー）です。正当パワーの逆バージョンであると考えられます。右の共感喚起パワーでは、与え手の苦境を効果的に提示することによって受け手の共感を喚起し「援助してあげよう」という気にさせるのに対し、役割関係パワーにおいては、両者の社会的な関係にもとづいて、受け手が与え手からの要求に応じる場合です。

以上、従来の影響力（パワー）の分類を拡張したものを紹介しました。しかし、この分類もまだ検討段階であり、今後さらに修正を加えていく必要はあるでしょう。その際に重要なことは、できるだけいろいろな種類の影響行動（働きかけ）を網羅すること、そして、それらの影響力（パワー）間の相互関係を把握できるようにしていくことです。

第四節　影響力（パワー）の測定方法

影響力（パワー）の種類がわかってきますと、誰にどのくらいの影響力（パワー）があるのかを知りたくなるかもしれません。たとえば、どのような対人関係の場合に、人は影響力（パワー）をもちやすくなるのか、その際、どの種類の影響力が最も大きいのかというようなことを知りたく思います。こうしたことを知るためには、特定の人がもっている影響力を測定する必要があります。

それでは、どのようにしたら影響力を測定できるのでしょうか。一つの方法は、実際の影響行動を観察することです。ある人が別の人にいろいろな影響力に対応する働きかけを行い、受け手がどのように反応したかを記録し、そのデータを基にして、ある人（与え手）の影響力を推測することができます。しかし、それでは、ひとりの影響力を測定するだけでも膨大な労力と時間を必要とし、あまり実用的ではありません。もう少し簡便な方法としては、影響力、中でも正当パワーの大きさを測る指標として、「受け手をどの程度待たせることができるか」をあげることができます。第1章の冒頭では、人に命を捧げることができるかという究極の例をあげましたが、より現実的な指標と言えます。ビジネス場面では、人を待たせることは許されないことであり、相手に失礼な行為になりますが、交渉の一つの戦略として用いられることがあります。わざと相手を待たせてイライラさせ、心理的に不安定な状態を作り出す作戦です。この方法を用いることができるのは、相手よりも自分の影響力が同等かそれ以上の場合でしょう。影響力をもっている人ほど、相手からの信頼を損なうことなく、相手を待たせることができるのです。相手を待たせるということは、相手の貴重な資源である時間を浪費させることであり、それが影響力の大きさに対応していると考えられます。たとえば、会社組織において、組織内の地位が高くなるほど、地位の低い部下を待たせることが可能になるということです。ただし、この場合、「何分待たせることができると、影響力はどのくらい大きい」というように絶対的な判断はできず、あくまで相対的に影響力の大きさを比較することになります。

あるいは、現代における影響力の一つの指標は、ＳＮＳにおけるフォロワー数といってもよいかもしれません。インスタグラムやツイッターなどで自分の発信をフォローしてくれている人の数です。中には、９百万人近いフォロワーを抱えている芸能人もいます。フォロワー数が示していることは、その発信者の発言やアップする写真に興味や関心をもっている人数です。言い換えれば、ある意味、発信者を支持している人の数であり（中には、反対の立場から発信者の動向を探るためにフォローしている人もいるでしょうが）、発信者の影響力や信頼度を示す指標になっていると言えます。フォロワーの多い発信者は、自分の考えを多くのフォロワーに伝えることのできる影響力をもっていると言えます。現代では、そうした発信者は**インフルエンサー**（影響者）と呼ばれ、マーケティングにも活用されています。[46] ただし、発信者は専門の業者からフォロワーを購入することもできるので、不正なフォロワー数を掲げている場合もあることに注意が必要です。[99]

考えられるもう一つの方法は、複数の質問文からなる尺度を使う方法です。各種の影響力を表現していると考えられる質問文を考案し、それにもとづいて特定の人（対象人物）のもっている影響力を他の人（回答者）に回答してもらう方法です。このとき重要なことは、その質問文が充分信頼でき（信頼性）、私たちが測定したいと思っていることを適切に測っているかどうか（妥当性）を確認しておかなければならないということです。

さて、筆者は影響力を測定するための尺度を作成しました。[57][59][61] 対人関係の種類による影響力の違いを明らかにできるように、対人関係に関係なく回答できるような尺度を作成することにしました。測定の対象とする影響力は、すでに紹介した報酬、罰、正当、専門、参照、魅力の６パワーです（情報、人脈、共感喚起、役割関係の４パワーについては尺度化するのがむずかしいという問題がある）。

影響力があるかどうかは受け手が与え手の影響力を認めているかどうかによって決まるので、ある人の影響力を測定するために、受け手の立場に立って回答してもらうようにします。回答者には、ある人（与え手）が自分（受け手）に対してどのような影響力をもっていると思うかを答えてもらうわけです。

各影響力を測定するために四つずつの質問項目を使うことにしました。「**社会的影響力認知尺度**」として使用することにした質問項目は、表3－1に示したようなものです。それぞれの質問文のアンダーラインの部分には、与え手となる対象人物（たとえば、父親や母親、特定の友人、グループのリーダーなど）を入れるようになっています。それぞれの質問項目の提示順序をでたらめ（ランダム）にして、提示順序による影響を少なくします。そして、今まで見てきた影響力の種類を意識しないで、質問項目の内容をよく理解しながら回答してみてください。それぞれの質問項目について「1（まったくそう思わない）2、3、4（どちらとも言えない）5、6、7（非常にそう思う）」という7段階の尺度上に回答し、6種類のパワーごとにその平均値を出します。あなたが対象人物として選んだ人の影響力がどの程度であるかを判断するためには、後掲の図3－5に示した大学生の調査結果と比較すれば、一つの目安になるでしょう。

【大学生にとって影響力のある人物】

対人関係の種類によってどのような違いが見出されているのでしょうか。筆者が行ったある調査結果を見てみましょう。[53] この調査は、青年にとって影響力のある人物とは誰なのかという問題を明らかにするために行ったものです。首都圏の大学生289人に、ふだんの生活において（大学生自身に対して）最も影響力をもっていると思われる人物をひとり思い浮かべてもらいました。そして、その人物がどの

表3-1　与え手の影響力（パワー）を受け手の立場から測定するための質問紙
（社会的影響力認知尺度）

報酬パワー
1. ＿＿＿は、私のために、いろいろ力になってくれる。
2. ＿＿＿は、私を精神的に励ましてくれたり、心の支えになってくれたりする。
3. 私がして欲しいと思うようなことを＿＿＿はしてくれる。
4. ＿＿＿のおかげで、私にとって得になることが多い。

罰パワー
1. 私が何かをしているとき、＿＿＿が私に妨害することがある。
2. 私は、＿＿＿のために困らされることがある。
3. ＿＿＿は、私に対して攻撃的になることがある。
4. ＿＿＿のために、私の希望がかなえられないことがある。

正当パワー
1. 私が＿＿＿の望むように行動するのは、社会的に見て当然のことである。
2. 私は、＿＿＿のいうことに従わなければならない立場にいる。
3. 私は、＿＿＿の意見には耳を傾けるべきだと思っている。
4. ＿＿＿には、私に対していろいろ指図する権利がある。

専門パワー
1. ものごとを決定する際に、＿＿＿の判断に頼っていれば、間違いない。
2. ＿＿＿はなんて頭がいいのだろうと感心する。
3. ＿＿＿は私よりも豊富な知識をもっている。
4. ある領域における＿＿＿の豊富な経験と知識は、専門家と呼べるものである。

参照パワー
1. ＿＿＿は私の理想像に似ている。
2. 気づかぬうちに、＿＿＿の考え方や行動の仕方をまねしていることがある。
3. 私は、＿＿＿のような考え方や性格を身につけたい。
4. 私は、＿＿＿のような人物になりたい。

魅力パワー
1. 私は、＿＿＿が好きである。
2. 私は、できるだけ＿＿＿と一緒にいたい。
3. 私は、＿＿＿に親しみを感じている。
4. ＿＿＿は、私にとって魅力的な人である。

注：「＿＿＿」（アンダーライン）の部分には、具体的に思い浮かべた対象人物（たとえば、父親、母親、上司、特定の友人など）を入れます。本尺度を使用する際には、各項目の順番をランダム（でたらめ）にして、「まったくそう思わない〜どちらとも言えない〜非常にそう思う」という言葉を付けた「1・2・3・4・5・6・7」の7点尺度上に○を付けていきます。

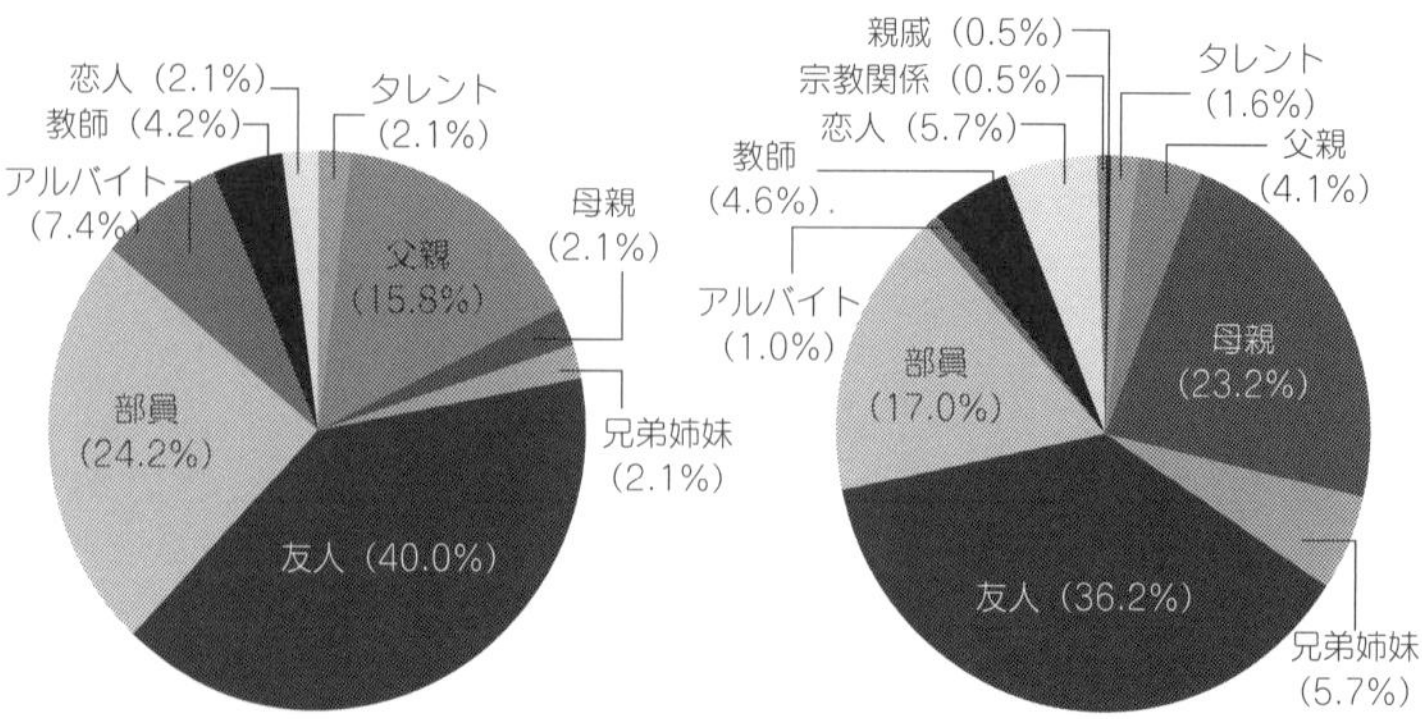

図3-3　女子学生にとって影響力ある人物

図3-4　男子学生にとって影響力ある人物

ような社会的影響力（パワー）をもっていると思われるかを「社会的影響力（パワー）認知尺度」にしたがって評定してもらいました。ただ、ランダム・サンプリングの結果ではないので、以下の結果は参考までにご覧ください。

まず、大学生が誰を影響力（パワー）のある人物であると見ているかを性別ごとに見てみましょう（図3－3、3－4）。「部員」とあるのは、大学のクラブやサークルのメンバーを指しています。同じく、「アルバイト」はアルバイト先の人を指しています。全体的には、友人、大学のクラブやサークルのメンバーが多くあげられており、同年代の人が影響力（パワー）をもっていることがわかります。しかし、性差も認められ、女性は母親や兄弟姉妹を男性よりも多くあげ、男性は父親を女性よりも多くあげる傾向が認められました。大学生ぐらいの年代にとって、異性よりも同性の方が影響力（パワー）のある人物になりやすいようです。

最近（2019年）、首都圏の別の大学で男性25人、女性54人の大学生を対象に同じような調査をしたところ、男性では父親、同性友人、恋人がよくあげられ、女性の場合は、母

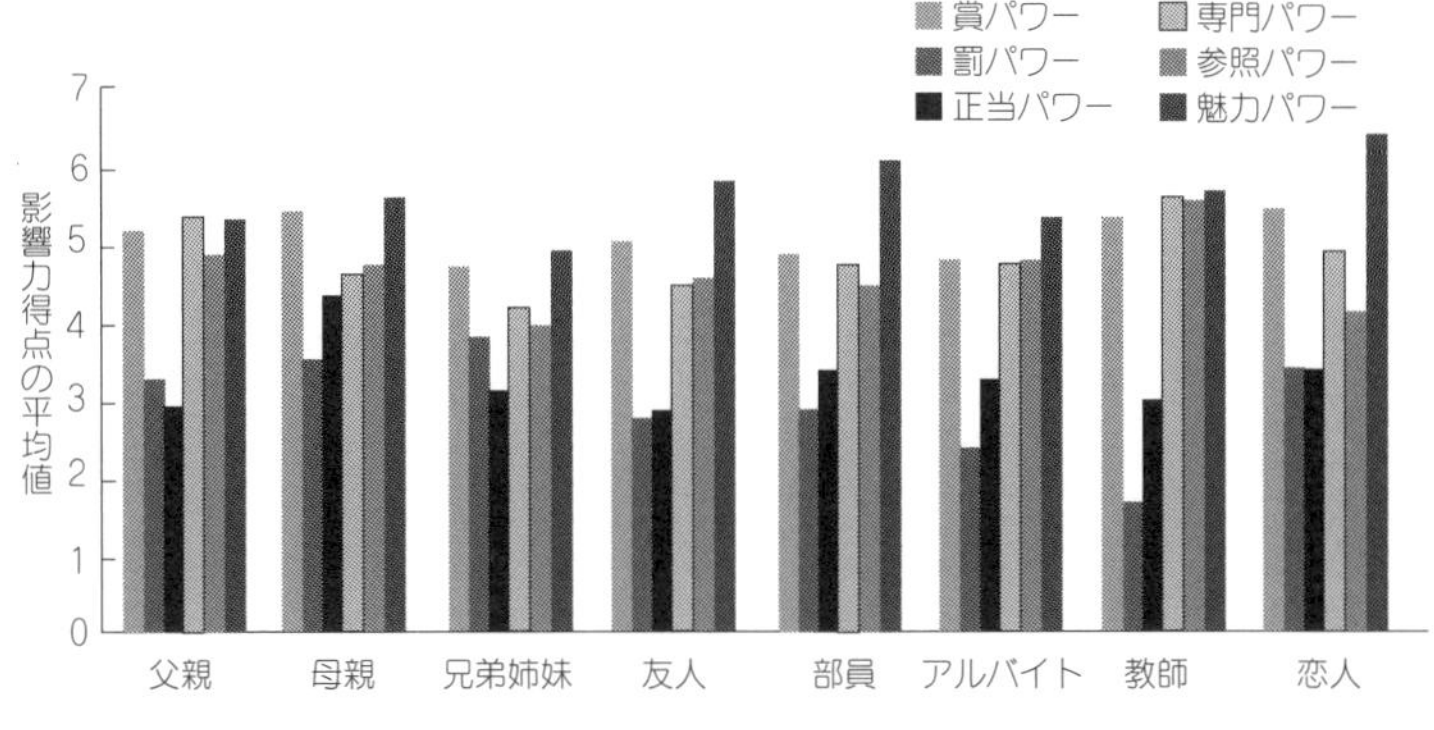

図 3-5　いろいろな対象人物の影響力得点

親、同性友人、恋人でした。25年ほど前の調査結果と大きな差はないようでした。

それでは、そうした人物は6種類の影響力をどの程度もっていると大学生に思われているのでしょうか。図3－5には、いろいろな種類の対象人物がもっていると認知されている影響力の平均値を図示しました。これを見ますと、父親・母親・兄弟姉妹の罰パワーが相対的に大きいこと、同様に、母親・恋人の正当パワー、教師の専門パワー・参照パワー、クラブやサークルのメンバー・恋人の魅力パワーの大きいことが見出されました。6種類の影響力の合計値をみますと、母親の影響力が友人よりも大きいことが認められました。

このように見てみますと、私たちと人間関係を形成している相手によって影響力が異なり、また、その影響力の基盤が異なっていることがわかります。このデータは大学生のものですが、児童期、思春期、青年期、中年期、高齢期と発達的な視点を導入することによって、私たちに影響をもたらす人たちの推移を明らかにすることができるでしょう。

トピック1●夫婦間のパワー関係とその測定方法

ふだんの人間関係では、状況によって同一人物が与え手にもなり受け手にもなります。あるいは、一つの話し合いの中でも、相互に与え手と受け手になりながら一つの結論を出すというプロセスが存在します。しかし、そうした相互の影響が何回も繰り返されていくうちに、影響力（パワー）の一定のパターンが形成され、いわゆるパワー関係というものが生じてきます。夫婦間のパワー関係も、ある程度の時間をかけながら形成されてくると考えられます。

それでは、夫婦間のパワー関係をどのように測定したらよいのでしょうか。家庭内を見ますと、そこにはいろいろ決めなくてはならないことがあります。いつ自動車を買い換えるか、買うとしたらどのタイプの、どのメーカーの車にするか、生命保険に入るか、子どもをどの学校へ通わせるか、塾へ通わせるか、今度の家族旅行はどこへ行くかなど、いろいろな問題が生じてきます。こうした意思決定を迫られる状況において、夫婦のうちどちらが最終決定を下すかを調べれば、パワー関係をとらえることができそうです。

a　アメリカでの研究

夫婦間のパワー関係について最初に研究したひとりは、ウルフです。(142) 彼は、1954～1955年のアメリカ・デトロイト地区の妻を対象に調査を行いました。まず、家庭内で生じる問題として、「生命保険に加入するかどうか、どのような家やアパートを借りるか、夫がどのような家事をすべきか、妻が職をもつべきかどうか、休日にどこへ遊びに行くか」などの8領域を設定しました。

さらに、あらかじめ夫婦のパワー関係を4種類に分類しました（トピック図1）。日本では、亭主関白とか、かかあ天下という言葉がありますが、ウルフは、夫優位型、妻優位型、自立型、一致型に分類しました。

夫優位型、妻優位型というのは、それぞれ夫や妻が家庭内の問題の大部分に決定を下している場合です。自立型と一致型は、ともに夫と妻のパワーは同じ程度なのですが、双方がパワーを及ぼすことのできる範囲に違いがあります。自立型は、夫と妻が決定を下す領域がうまく分かれていて、それぞれが分担する領域で主体的に決定を下す場合です。一致型というのは、自立型のように分担領域が分かれてなく、多くの領域において、夫婦が同程度に影響を及ぼし合いながら最終決定を下す場合です。

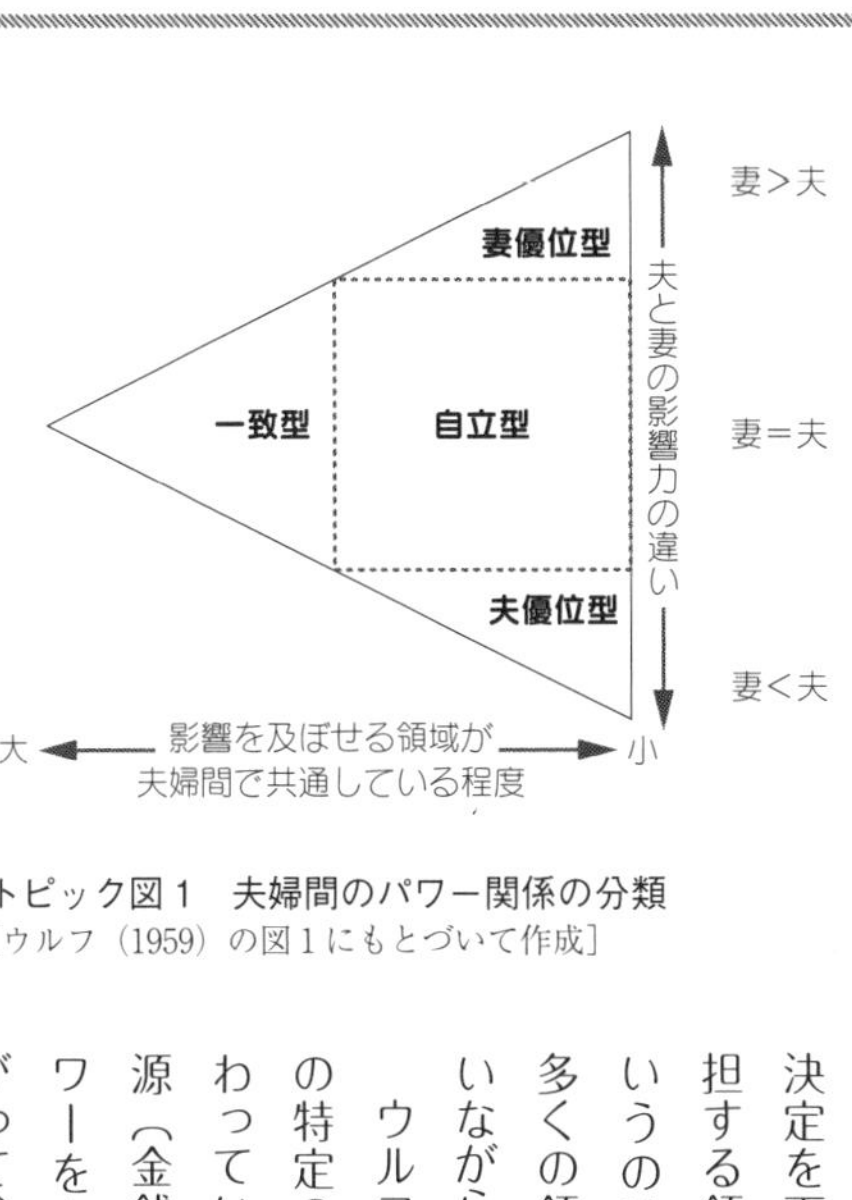

トピック図１　夫婦間のパワー関係の分類
［ウルフ（1959）の図１にもとづいて作成］

ウルフの関心は、夫婦のパワー関係が4種類のうちの特定の型に決まっていくのは、どのような要因が関わっているのかを明らかにすることでした。彼は、「資源（金銭、労力、社会的地位など）の大きい人ほどパワーをもつようになるだろう」と考えました。したがって、社会的地位の高い夫の夫婦ほど夫優位型になり、妻も仕事に就いている夫婦は、専業主婦の夫婦よりもパワーをもつと予測されます。結果は予測を支持するものでした。

回答者の年齢との関係を見てみますと、夫婦の年齢が高くなるについて、夫優位型が少なくなり、妻優位型が多くなる傾向が認められました。これは、年を重ねるにつれ、妻の資源が大きくなり、夫の資源をあてにしなくなるからだとウルフは解釈しています。

b　日本での研究

日本ではどのような結果が得られているのでしょうか。ウルフの研究を基に、日本でのデータを集めたのが伊藤冨美です[63]。20代から50代までの妻約千人を対象に行った質問紙調査では、17の意思決定領域（ウルフが設定したもののほかに、「親類に贈るお中元やお歳暮などの金額、夫の小遣いの金額、テレビ番組、貯金の額と方法、妻の里帰りの期日と期間」などを付け加えた）において夫婦のどちらが相対的により多く決定を下しているかを回答してもらいました。

ウルフにもとづいて4類型を設定してみますと、夫優位型、自立型、一致型、妻優位型がそれぞれ4、3、2、1の割合で認められました。1980年代当時は、夫優位型と自立型がほとんどであったことがわかります。また、妻に収入があると夫優位型が減少し、妻優位型が増加する傾向が認められました。

近年では、たとえば、松信ひろみが退職期にある夫婦335組を対象に調査を行っています。夫が退職すると、それまでの仕事関係の対人ネットワークは生活上意味がなくなり、その代わり、居住地域におけるネットワークが重要になってきます。妻の方は、それまでに主婦や母親として近隣のネットワークを形成してきています。退職後、夫が近隣ネットワークを形成できない場合は、妻への依存度が高まり、妻のパワーが大きくなることを指摘しています[86]。この場合、近隣の対人ネットワークが影響力（パワー）の資源となっています。

c　影響力（パワー）関係の研究における問題点

ウルフの研究が発表された後も、夫婦間のパワー関係を測定しようとする研究は数多く行われましたが、その測定方法に疑問を投げかける研究者も出てきました[133]。タークとベルは、いろいろな研究を見て、夫婦間のパワー関係を測定するのに3種類の方法があることを指摘しました。質問紙法、討論法、相互作用法の三つです。

質問紙法とは、あらかじめ研究者が適切な質問項目を設定し、それに回答させることによって夫婦間のパワー関係を測定するものです。これは、さらに三つのタイプに分けることができます。①家庭内で生じる8領域の問題について誰が最終的な決断を下すかを妻に答えさせるもの、②家族内で意見の対立があったときにたいてい誰の意見が通るかを答えさせるもの、③家族内で誰が「ボス」であるかを答えさせるものです。

討論法というのは、家族に討論課題を与えて、実際に討論させ、誰の意見が通るかを測定する方法です。たとえば、「もし10万円がプレゼントされたらそれをどのように使うか」について話し合ってもらい、話し合いの中で誰がどのくらいの割合で自分の意見を通すことができたかを測定します。

相互作用法でも家族に討論をさせるのですが、話し合い中の行動を測定するので、相互作用法と呼ばれます。具体的には、話し合い中に新しい行動（話し合うべき問題点を明確にするとか、新しい提案をするなど）を起こした回数、他者の行動に影響を及ぼした回数、他者の発言をさえぎった回数などです。

タークとベルは、200以上の家族にすべての指標について反応してもらい、関連性を調べました。その結果、質問紙に対する回答は、家族内のメンバーによって回答が異なっていたこと、討論中に観察した反応と関連していなかったことが見出されました。つまり、研究者がどの指標（測定方法）を用いるかによって、研究の結果に違いが出てきてしまうということです。どの結果が真実であるのかわからないことを指摘したといえます。

このように、一口にパワー関係といっても、それを把握するのはやっかいな問題であることがわかります[(87)(94)]。これは、今あげた家族関係に限らず、友人関係や先輩・後輩関係などについてもいえることです。たとえば、次のような問題点が考えられます。①ある領域では一方が影響力（パワー）があるけれども、別な領域では他方が影響力（パワー）をもっている場合があること、したがって、②影響力（パワー）の大きさを測定する絶対的な指標、尺度を設定しにくいこと、③三人以上になると連合（グループ内の派閥）の形成される可能性が出てくること、④人が質問紙に回答したことと実際の行動とにギャップのある可能性があることです。したがって、複数の指標や尺度を用いて、総合的にパワー関係をとらえていくしか方法はないのでしょう。

第4章　人に影響を与える方法 1

◉ウォーミング・アップ

・あなたは友人のひとりに保証人になってほしいと考えています。しかし、友人はなかなか応じてくれそうにありません。そこで、報酬パワー（第1章参照）を使って友人に働きかけようと考えました。あなたのもっている「報酬」を具体的にどのように使って、友人に働きかけることができるでしょうか。

第一節　影響手段の種類

第1章〜第3章では、資源、知識、人間関係が影響力（パワー）の基盤になることを見てきました。そして、影響力（パワー）をもつことが与え手の影響手段を増やすことにつながることを確認しました。影響力（パワー）をもっているということは、あくまでも周囲の人に影響を及ぼすことができるという「可能性の状態」を示しているに過ぎません。受け手に何らかの働きかけをする際には、自分の影響力にもとづいて、具体的な働きかけ方を自分で考え出していく必要があります。

ある人物に対して自分が報酬パワーをもっている場合、たとえば、次のような具体的な影響手段が考えられます。自分のいう通りに行動したら決まった額の金銭を渡すとか、あらかじめ豪華な食事を奢っておいた上で、頼みごとをするというやり方です。

こうした働きかけの方法は、社会心理学では「影響手段、影響方略」(influence tactics, influence strategy)と呼ばれています(“strategy”は「戦略、方略」と訳され、ある目標を達成するために必要な手順を含んだ計画を意味する。また、“tactics”はその計画を実行するために使われる個々の手段や手続きを意味している。以下にあげる影響手段は“tactics”に近い)。そのほかにも、影響力にもとづいた働きかけという点を強調して影響力手段(power strategy)と呼んだり、受け手から応諾を得るための働きかけなので応諾獲得方略・応諾獲得手段(compliance-gaining strategy)と呼んだりします。本書では、多少かたい表現ですが、影響を与える方法という意味で「**影響手段**」という言葉を使うことにします。

先ほど、影響力にもとづいた、具体的な影響手段があることを述べましたが、それとは別に、影響力に対応していない影響手段もあります。影響力にもとづいてはいないけれども、人に影響を与える際のテクニックがあるということです。

たとえば、子どもが親に対して取る戦法に、自分の要求通りに親が行動するまで、しつこく言い続けるというものがあります。これは、受け手が言う通りに行動したら何かをあげる(報酬パワー)とか、自分と受け手との社会的な地位関係を強調する(正当パワー)とかいうような、影響力にもとづかない影響手段の一つです。したがって影響手段には、影響力（パワー）から派生したものと、影響力（パワー）には左右されずに数多くの場面で使えるもののあることがわかります。

1 影響手段の分類

具体的な影響手段を見る前に、どのようにして一つ一つの影響手段が選定されてきたかを簡単に見ておくことにしましょう。初期の研究の一つが、マーウェルとシュミットが行ったものです[85]。彼らは、先に紹介したフレンチとレイヴンによる影響力（パワー）の分類を初めとする八つの研究にもとづいて、人に影響を与える方法を16に分類しました。それらの方法をさらにいくつかのグループに分けるために、アメリカ人大学生を対象にして質問紙調査を行いました。

その調査では、働きかけの場面を4種類設定し、「それぞれの場面で16の影響手段をどの程度使うと思うか」を大学生に回答させました。4種類の影響場面は、①大規模衣料品店で販売員として数年働き、売上げが良いので経営者に昇進を頼む場面（上司に自分の昇進を願い出るというのは、日本ではあまりないことですが……）、②高校生の息子に週12時間勉強するように言う場面、③１５０ドル（当時のレートで約5万4千円）の百科辞典をふたりの小学生をもつ父親に売り込む場面（もはや昔懐かしい場面であり、現在では無料でネット上の情報を検索できる）、④得意なフランス語を学期末試験のために教えてくれるよう寮のルームメイトに頼む場面でした。６０８人の大学生に質問紙に回答してもらい、影響手段を5グループにまとめられることがわかりました。

ほかの研究者は、他者に影響を及ぼすような状況（友達から一緒に下宿をしようと言われ、断る場面。

ルームメイトにステレオを消すように頼む場面）を回答者に提示して、回答者なら実際にどのような言葉を使って受け手に働きかけるかを自由に記述してもらいました。そして、その自由記述の内容を分析して、14の影響手段に分類しました[140]。

そのほかにも、「自分の思い通りにする方法」（How I get my way）を大学生に自由記述させた研究[29]、企業間のコンフリクトを解決する際に用いる影響手段を社会人大学院生に自由記述させた研究などがあります[74]。

第二節　18種類の影響手段

人に何かお願いをするという働きかけにおいて、どのような影響手段があるのでしょうか。影響力（パワー）とも関連させながら見ていきたいと思います。できるだけ多くの場面で使われる影響手段を含むように、諸研究の結果をまとめてみますと、表４‐１のようになります。全部で18種類の影響手段をあげましたが、そのほかに、特定の場面で使われる影響手段もあります（たとえば、企業においては、受け手に重要な情報が伝わらないように情報の伝達経路を操作したり、問題が表面化しないように会議で議題として取り上げないようにしたりすることがある）。

表４‐１にあげた影響手段をさらにいくつかのグループに分類する方法はいろいろありますが、ここでは影響手段の内容に注目して三つに分けてみました。最初の二つは、先にあげた影響力（パワー）のうちの報酬

表 4-1 影響手段の種類

影響手段	内容
【報酬パワーに関連する影響手段】	
・報酬の約束（交換条件の提示）	与え手の依頼に応じるならば、受け手にとって望ましいもの（報酬）を与えることを約束する。
・事前の報酬の付与	依頼をする前に受け手に報酬を与えておく。
・以前の貸しの指摘	過去に与え手が受け手のためにしてあげたことを受け手に思い出させる。
・第三者からの報酬	与え手の依頼に応じるならば、第三者から報酬をもらえることを指摘する。
・よい気分	受け手の気分をよくするために、微笑んだり、ゴマをすったり、ほめたりする。（受け手を気分をよくすることが 1 つの報酬になると考えられる。また、受け手の気分をよくすれば、応諾率が高くなるという予測に応じた働きかけ方である。）
【罰パワーに関連する影響手段】	
・罰の警告	与え手の依頼に応諾しない場合には、受け手にとって望ましくないこと（罰）を与えると警告する。
・継続的な罰の付与	受け手が応諾するまで罰を与え続ける。
・第三者からの罰	与え手の依頼に応諾しない場合に、受け手にとって望ましくないこと（罰）が第三者から与えられることを指摘する。
・罪の意識・罪悪感	過去において受け手が与え手にもたらしたトラブルを思い起こさせ、罪の意識を感じさせる。
【報酬や罰に関連しない影響手段】	
・単純依頼	与え手が依頼したいことを単に受け手に伝える。
・依頼の繰り返し（熱意の提示）	受け手が応諾してくれるまで、ある時間・期間をおきながら何回も依頼を繰り返す。そうすることによって熱意を示す。
・理由づけ	受け手に頼まなければならない理由をあげながら、受け手に依頼する。
・役割関係の強調	与え手と受け手との間に存在する役割関係や長年のつきあいを受け手に再確認させる。
・第三者からの支援	受け手が応諾するように第三者（特に、高地位者）に依頼を支援してもらう。あるいは、第三者も与え手と同じように考えていることを伝える。
・社会的な規範の強調	与え手の依頼に応諾しないことは、道徳的でないこと、社会的に認められないことを強調する。
・ほのめかす	依頼事項を受け手に直接伝える（単純依頼）のではなく、依頼したいことをほのめかして、間接的に受け手に伝える。
・だます	与え手が望むことを受け手に行わせるために、受け手ににせの理由や別の目的を提示する。
・話し合い・妥協	受け手が応諾するまで、与え手と受け手が話し合い、妥協点を見つける。

パワーと罰パワーに関連する影響手段です。

1　報酬パワーに関連する影響手段

報酬パワーに関連する影響手段には少なくとも5種類あります。いずれの手段も、受け手の応諾を得られるように、受け手に報酬を与えることが基礎になっています。そして、誰が報酬を与えるか、いつ与えるか、報酬の内容は何かによって、5種類に分けることができます。

(1) 報酬を与えることを約束する

基本的には、与え手が受け手の応諾と引き換えに、受け手に報酬を与えます。それは「**報酬の約束**」になります。母親が子どもに買い物に行ってきてくれたら小遣(こづか)いをやると約束する場合は、この影響手段を使ったことになります。この場合の短所は、受け手が与え手の望むように行動したかどうかを確認する必要があることです。

(2) 依頼をする前に報酬を与えておく

報酬を与えるタイミングは、必ずしも与え手の望む行動を受け手が取った後だけとは限りません。報酬を依頼する以前に受け手に与えておく場合もあります。その一つは「**事前の報酬**」です。与え手がこれから受け手に依頼するつもりでいることは伏せておいて、ひとまず報酬を受け手に与えてしまうわけです。報酬をもらった受け手は、(報酬をもらってしまっているので) その後、何らかの依頼をされた場合には、以前にもらった報酬のお返しをしなければならないような気になり、応諾しがちです。この影響手段は、私たちの社会に「人から受けた恩義には、お返しをしなければならない」という**返報性の規範**が働くことを利用したものです。しかし、与え手の意図を事前に受け手に伝えていないという点では、問題がある方法といえます。

（3）以前に与え手が受け手にしてあげたことを思い出させる

もう一つのやり方は、「**以前の貸し**」を受け手に思い出させることです。たとえば、「前に買い物につき合ってあげたでしょ。だから今度は私につき合ってよ」という場合です。この手段を使う場合は、働きかける以前に、受け手に対して何らかの恩義を働いてあげたことがなければなりません。過去において受け手のためになることを行ってあげたときは、（別に今回の依頼を見越していたわけではないが）過去の「貸し」をうまく利用してしまうわけです。受け手の方は恩義を感じて、返報性の規範にしたがって、今回の与え手からの依頼に応諾しなくてはならないような気になります。

（4）第三者から報酬がもらえることを指摘する

報酬を与える人が与え手とは限りません。与え手以外の人が受け手に報酬を与える場合、「**第三者からの報酬**」となります。これは以下に述べる「第三者の支援」とも関連する影響手段ですが、与え手よりも豊富な報酬をもっている第三者にあらかじめ支援をお願いしておいて、受け手には第三者から報酬をもらえることを指摘しながら依頼するという方法です。報酬には人から誉められることも含まれますから、たとえば、自分の部下に対して「この仕事を成功させれば、きっと部長も喜んで、君に対する見方が変わるんじゃないかな」というような言い方をする場合です。

(5) 受け手を良い気分にさせる

報酬を用いる最後の影響手段は、受け手を「**良い気分**」にさせることです。これは受け手に物としての報酬を与えるのではありません。基本的には、満面の笑みを浮かべて話をしたり、受け手の服装や髪型を誉めたりして、受け手にゴマをすることとです。良い気分になると必ずしも受け手の応諾を促すことになるとは言えないかもしれませんが、少なくとも悪い気分のときよりは応諾する可能性が高くなるでしょう。あるいは、受け手の話をよく理解しようと傾聴することによって、受け手が心理的に安心する状態にすることも効果的です。

2 罰パワーに関連する影響手段

次に、罰パワーに関連する影響手段を考えてみます。これには4種類考えられます。

(1) 罰を与えると警告する

まず、「**罰を与えることの警告**」です。これは罰の基本的な使い方です。受け手に何らかの依頼をして、受け手が応諾しなければ受け手に罰を与えると警告することです。受け手は罰を与えられることを避けるために応諾するかどうかを判断することになります。受け手は罰を与えられることが嫌なので応諾するかもしれませんが、強制感があるため、受け手の反発は高くなる傾向にあります。また、罰の場合も報酬と同じく、与え手は受け手の反応を確認して、罰を与えるかどうかを決めなければなりません。

（２）受け手が応じるまで罰を与える

罰の警告や脅しでは、受け手は応諾しないかもしれません。その場合に、実際に罰を与え、しかも受け手が応諾するまで罰を与え続ける「**継続的な罰の付与**」の使われることがあります。たとえば、１９９０年頃の好景気時に地上げ屋という言葉がはやりました。彼らは、土地の所有者が土地を手放すようになるまで、執拗に戸別訪問して嫌がらせをしたわけですが、彼らのやり方は、この影響手段にあたります。

（３）第三者から罰が与えられることを指摘する

報酬の場合と同じように、与え手が罰を与えるのではなく、与え手と受け手以外の第三者が受け手に罰を与えることがあります。それが「**第三者からの罰の指摘**」です。たとえば、子どもに「おとなしくしないと周りの人に笑われますよ」とか、「この残業をこなさなければ部長がどう思うだろう」と指摘することです。

（４）受け手が与え手にかけた迷惑を思い出させる

報酬における「以前の貸し」に対応する影響手段として、「**罪の意識・罪悪感**」を受け手に感じさせるやり方があります。過去に受け手が与え手に迷惑をかけたことを思い出させて、罪の意識を感じさせます。受け手にすまないという気持ちを起こさせる、負い目を感じさせるので、ある意味で受け手に罰を与えることになります。受け手はそうした気持ちから、今回の与え手からの依頼に応諾しようという気になりやすくなります。しかし、過去のことを今さら持ち出して、鼻持ちならない奴だというふうに、かえって受け手の反発心を起こさせてしまったり、受け手が過去のことを少しも気にかけていなかったりする場合は、この影響手段による効果は減少してしまいます。第5章で紹介するドア・イン・ザ・フェイス法の場合は、罪悪感を作り出す影響手段であると言えます。

第三節　報酬・罰に関連しない影響手段

報酬・罰に関連しない影響手段として以下の9種類をあげることができます。これらには、正当パワーや専門パワーと関連するもの、与え手の意図を直接受け手に伝えないもの、与え手と受け手との間で考えを交換し合うものなどがあります。

(1) 単に頼み込む

まず、受け手に何かを頼む際の基本型は、「**単純依頼**」です。これは、与え手の望む依頼事項をただ単に受け手に口頭で伝えることです。第6章で述べるように、依頼に応諾することが受け手にとってコストのかからない場合には、この単純依頼でも充分効果をあげることができます。しかし、多くの場合は、受け手の反発や抵抗にあってなかなか応諾してもらえないために、本章で取り上げているいろいろな種類の影響手段が考え出され、使われているわけです。

また、一口に「単純依頼」といっても、その言葉づかいを考えれば、さらに細かく分類できます。同じことを頼むのであっても、言い回しによって命令にもなれば、丁寧なお願いにもなります。

本書では、言葉づかいのレベルまでは取り上げませんが、一つの例を紹介しておきましょう。岡本真一郎は、単純依頼で用いられる言葉づかいを10のカテゴリーに分類しています[106]。

- 命令型　（窓をあけろ！）
- 目的語型　（窓！）
- 不履行非難型　（窓をあけないか！）
- 依頼型　（窓をあけて。窓をあけてください）
- 意向打診型　（窓をあけてくれる？）
- 願望型　（窓をあけてほしいんだけど。定規を返してくれない？）
- 提案型　（窓あけない？）
- 話し手行動型　（定規をもっていくよ）
- 話し手事情型　（おれ、定規ちょっと使うよ）
- 受け手事情型　（この定規、もういい？）

そして、ものを借りたり、拾ってもらったり、以前貸したものの返却を要求したりする場面でどの言葉づかいが使われるかが調べられました。その結果、（受け手にとって）依頼に応じることのコストが大きくなるほど、また、与え手と受け手が親しくないほど、直接的な依頼型よりも間接的な意向打診型の方が使われる傾向にありました。

（2）受け手が応じるまで依頼を繰り返す

「単純依頼」で受け手の応諾が得られない場合に取られる影響手段として、「**依頼の繰り返し**」があります。これは受け手が応諾してくれるまで、こちらの要求を執拗に繰り返すやり方です。たとえば、親がドローンを買ってくれるまで、ことあるごとにドローンを要求する場合をあげることができます。かつて、新聞勧誘員もこの方法をよく使って、購買者を増やそうとしていました。筆者も、以前、ある新聞社と契約している勧誘員が、年に5、6回以上訪問してきて、閉口したという経験をもっています。この方法は、与え手の熱意を受け手に示すことになりますが（その成功例は、『三国志』で有名な「三顧（さんこ）の礼」でしょう）、下手をすると「しつこい与え手だ」というように、受け手にネガティブに思われてしまう危険性もあります。諸刃（もろは）の剣（つるぎ）的な影響手段です。

（3）理由を付けて頼み込む

「単純依頼」で応諾が得られない場合に使われる第三の手段として「**理由づけ**」があります。これは受け手に依頼をしなければならないときに、なぜその依頼をする必要があるのか、その論理的な理由を述べるやり方です。その理由が納得できる場合、受け手は応諾する気になります。依頼内容によっては、専門的知識が豊富なほど適切な理由を受け手に提示できるので、専門パワー、あるいは、情報パワーと関連した影響手段であると考えることができます。

しかしながら、場合によっては、理由にはならない理由でも私たちは応諾してしまう傾向があります。ある実験で、コピー枚数が少ないとき（5枚）は、「コピーを取らなくてはならないので、割り込ませてくれませんか」と言っても割り込ませてもらえることが明らかにされています。[77] 受け手にとって応じることのコストが小さい場合には、もっともらしい理由をつけるだけで、受け手に応じてもらえる可能性が高くなるようです。

（4）与え手と受け手との役割関係を指摘する

第四に、正当パワーに対応する影響手段が「**役割関係の強調**」です。与え手と受け手との間の役割関係を指摘して、その役割通りに行動すべきことを促します。たとえば、「上役である私の命令には逆らえないはずだが……」というように指摘することです。基本的には、両者の間に上下関係や優劣の関係が存在し、地位の低い人は高い人からの依頼、指示、命令にしたがって行動しなければなりません。ただし、これも正当パワーのところで述べたように、受け手が自分と与え手との役割関係を認めていなければ、いくら与え手が受け手に依頼や指示を与えても、与え手の言うとおりに行動するとは限りません。そこで、与え手としては、いかに受け手に自分たちの役割関係を認めさせるかという別の問題が生じてきます。その一つの方法が前述したように、権威づけをするために制服を着たり、肩書きを提示したり、あるいは、日頃のよい人間関係を構築しておいたりすることなのです。

ただし、右の状況のように与え手と受け手の関係性を明言することは、かなり威圧的であり、受け手の反発を受けやすいと言えます。その反発を抑制するには、関係性を暗に受け手に理解してもらうようにもっていく必要があるでしょう。また、第3章で紹介した役割関係パワーの場合は、正当パワーとは逆の立場から相手との役割関係を強調して働きかけることになります。

（5）第三者から支援してもらう

第五に、人脈パワーに対応する影響手段が「**第三者からの支援**」です。これは「第三者からの報酬」や「第三者からの罰」とは異なり、受け手に対する働きかけを第三者にも手伝ってもらう、もしくは、肩代わりしてもらう方法です。言い換えれば、与え手の影響力（パワー）が小さい場合に、与え手よりも正当パワーや専門パワーの大きい第三者の影響力（パワー）を頼みにする場合です。与え手の働きかけに十分な根拠があることを専門的な側面から第三者に補強してもらったり、受け手よりも地位の高い第三者に支援してもらったりするわけです。たとえば、企業においては、同僚を説得するのに、上司に援助してもらうことです。この影響手段を使うためには、日頃から幅広い人間関係（ソーシャル・ネットワーク）を作っておくことが大事です。

（6）社会的な規範の存在を指摘する

第六に「**社会的な規範の強調**」があります。これは、生活上の一般的な規範や道徳の存在を指摘して、受け手がそれにもとづいて行動することを促すやり方です。たとえば、子どもや高齢者、困っている人には手助けをすべきであるとか（**社会的責任の規範**）、かつて自分を助けてくれた人が困っていたら、お返しにその人を助けてあげなければならないとか（**返報性の規範**）ということです。

図１－２の共感喚起パワーにもとづいて受け手に働きかける場合、一つの方法としてこの社会的な規範を強調するやり方をあげることができます。いかに自分が苦況に陥っているかということ、人の道として困っている人を助けるべきことを指摘して、受け手の共感を引き出すやり方です。

（７）頼みたいことを暗にほのめかす

これは、与え手が望んでいる依頼事項を行うように、受け手に間接的な言い回しをすることです。直接、依頼事項を受け手に伝えることがはばかられるような、大きい頼みごとをするような場合や受け手に頼むことをあからさまにしたくない場合に使われます。たとえば、直接、「窓を開けてくれる？」といわずに、「この部屋の中、何か暑いね」といったり、学生が友達に「お金を貸してほしい」といわずに、「アルバイト代がまだもらえなくて、明日の飯代もないんだ」と言ったりする場合がそうです。

こうした「**ほのめかす**」やり方を次の三つに分類できます。(48)(62)(98)

・与え手のおかれている状況を説明する。「本を読めないんだけれど」
・与え手が望んでいる状況を表明する。「静かに本を読みたいなあ」
・受け手の状態を指摘する。「声が大きいよ」

なお、頼みごとをほのめかす際には、このように言葉を使わないで、動作を示すことによって非言語的コミュニケーションを使う場合もあります。たとえば、子どもに勉強をさせるためにこわい顔をしながら、テレビを消したり、お小遣いをせびるために親の目の前に片手を差し出したりする動作をあげることができます。

(8) **受け手を騙す**

与え手が受け手に依頼内容を直接言わないもう一つのやり方は、受け手を「**騙す**」ことです。にせの依頼事項を伝えたり、にせの理由を述べたりすることです。これも、受け手にとって、その依頼事項に応じることがむずかしい場合や社会的に望ましくない場合に用いられますが、倫理的には問題のある方法でしょう。

たとえば、本当はおもちゃのドローンを買いたいのに、ドローンを買うためにお金を親にねだるのは気が引けるので、学校の教材を買うと嘘を言って親からお金をもらうという場合があげられます。あるいは、人びとから献金を募るために、霊験あらたかだと言って壺を売りつけたり、因縁罪障が消え、今よりも幸せになると言って金銭を寄付させたりすることです。この場合、われわれ一般の者には、壺がどのような効果をもっているのか、寄付をすると本当に因縁罪障が消えるのかどうかを判断できないことを巧みに利用しています。誰もが、自分の因縁が取れたり、今よりも幸せになれたりすると言われれば、壺や寄付のもつ効果を正確に判断せずに、与え手の言うままに行動してしまいがちです。一般の人びとには知識のない未知の世界のことを持ち出して判断できないようにしてしまうこと、そして、人びとの幸福を望む気持ちを刺激する点がミソです。

（9）受け手と話し合い、妥協点を見つける

私たちが人に働きかける場合、一回だけで終わるとは限りません。受け手が即座に拒否しないまでも、応諾するのを渋ることがあります。その場合、前に述べたように、与え手が働きかけを繰り返すことがあります。そのほか、与え手と受け手が話し合いの場をもち、相互に歩み寄るというパターン（**「話し合い・妥協」**）もあります。両者が互いに自分の意見を出し合い、妥協点を見つけるというやり方です。たとえば、「楽器の練習音がうるさいから練習をしないでほしい」と苦情を言いに来た隣人と話し合いの上、夕方6時以降は練習しないとか、午後の間3時間だけ練習してもよいようにするとか、お互いに歩み寄って妥協点を見つけ、その問題を解決するという場合です。

また、次章で紹介するドア・イン・ザ・フェイス法のように、与え手が1万円を貸して欲しいと言ってきたときに、「1万円は無理だから、5千円なら貸す」「じゃあ、5千円だけ貸して欲しい」というような場合も考えられます。もし、このとき、与え手が初めから5千円貸して欲しいと考えていて、受け手に最初1万円貸して欲しいといったならば、そこには、状況を自分に有利なように導いていこうとする与え手の意図が隠されているといえます。

このように受け手の応諾を引き出しやすくするための影響手段も実験的に検討されています。次章ではそのような技巧的な影響手段を紹介します。

第5章　人に影響を与える方法 2

第一節　技巧的な影響手段

技巧的な影響手段として複数ありますが、ここではそのうちの主な5種類を紹介します。すなわち、フット・イン・ザ・ドア法（段階的依頼法）、ドア・イン・ザ・フェイス法（譲歩的依頼法）、ロー・ボール法（特典除去法）、ザッツ・ノット・オール法（特典付加法）、ルアー法（疑似餌法）です。これらは、与え手の働きかけに対する受け手の反応もしくは無反応に、与え手が改めて対応することによって、与え手の望む行動を受け手に取らせようとするものです。そして、与え手の最終的な目標や意図が受け手にはわかりにくいようになっていますので、受け手がうまく与え手のペースに乗せられてしまい、与え手の希望する行動を取りやすく（依頼に応諾しやすく）なってしまいます。これらの影響手段がどのような仕組みになっているかを順に見ていくことにしましょう。

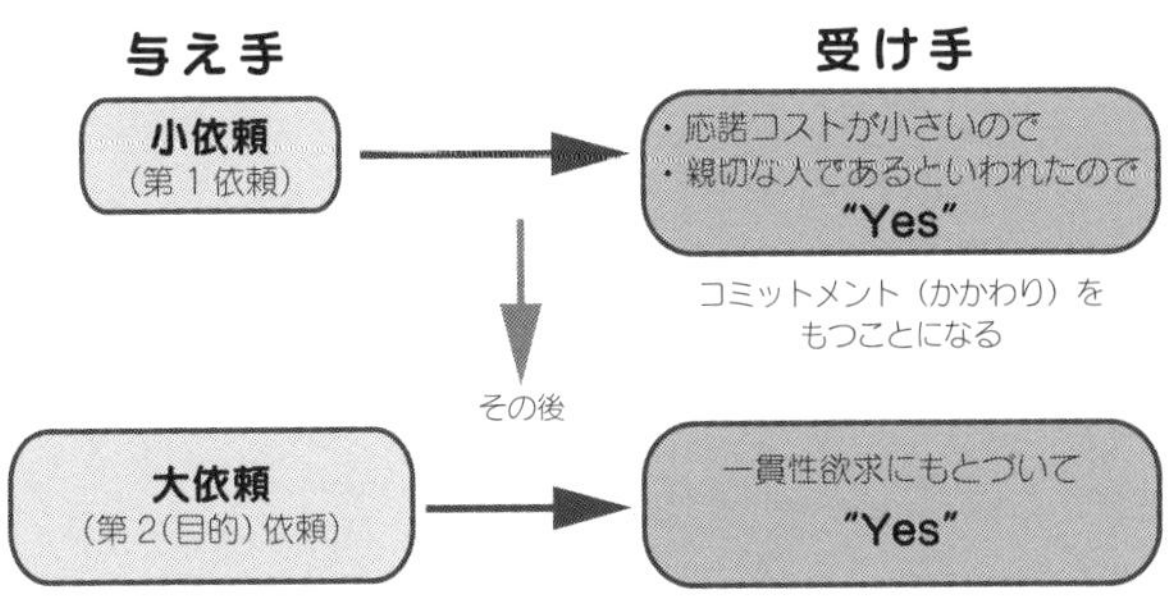

図 5-1　フット・イン・ザ・ドア法の仕組み

1　フット・イン・ザ・ドア法（段階的依頼法）

フット・イン・ザ・ドア法というのは、与え手からの要求を順次大きくしていくことによって、受け手の応諾を引き出すやり方です（図５－１）。初めに小さな要求（受け手が、その依頼に応諾するのにさして努力をしたり、時間を割いたり、金銭を使ったりする必要のない要求。言い換えれば、受け手にとって応諾するのにコストのかからない要求）を行い、いったんそれを受け手に実行してもらいます。次に、最初の依頼よりは大きな要求をします。与え手にとっては、この2回目の大きな要求が当初から受け手に応諾してほしいと望んでいたものです。受け手は、最初の依頼に応諾してコミット（関与）しているものですから、2回目の依頼（目的依頼）にも応諾せざるを得ないような気持ちになって応諾しやすくなってしまうのです[33]。

私たちの社会には、一度自分の考えを表明したら（コミットメント）、それに一貫した行動を取ることが価値のあることで、言行不一致の人は信用できないと判断されてしまう暗黙のルールがあるのです。「武士に二言はない」という一貫性を表現した言葉もあります。そこで、私たちはその社会的な規範にしたがって、直前の自分の表明に沿った行動を取る傾向が高くなるのです。

この方法が、フット・イン・ザ・ドア法（foot-in-the-door technique）と表現されているのは、訪問販売員が玄関のドアを開けてもらった瞬間に、ドアを閉められないように足をドアの隙間に差し込む動作を描写したものです。販売員から見れば、ドアを開けさせるという第一段階の依頼に成功し、第一段階よりも依頼内容の大きな第二段階の依頼（商品を買ってもらうこと）を行うために、ドアの隙間に足を差し込んだというわけです。まずはドアを開けるという簡単な依頼に応じさせたことを表現しています。また、この影響手段は、応用範囲の広いものであると指摘されています。[66]

フット・イン・ザ・ドア法が効果的であることを現実の場面を使って実験したフリードマンとフレイザーの研究があります。[33] 一つの実験の被験者はアメリカ・カリフォルニア州の１１２人の住民（うち１０５人が女性）でした。まず、実験者が一軒一軒の家を訪問し、「安全運転」もしくは「地域の美化」に関する依頼（7・5センチ四方のステッカーを家の窓か車の中に貼る、または、請願書に署名する）をしました。その後、第一依頼のときとは別の実験者が約2週間後に再度同じ家を訪れて、「安全運転をしよう」と下手な字で書かれた大きな立て看板を庭先に立ててほしいと依頼しました。その看板を庭先に立てることによって、きれいな庭のイメージが損なわれるようなものでした。これは、被験者にとって第二依頼に応じることのコストが大きくなるようにするための手続きでした。**統制条件**（コントロール）（実験条件の効果と比較するために、実験的操作を加えない条件のこと）では、第一依頼は行わずに、他の条件と同じ時期に大きな立て看板を立てることだけを依頼しました。実験の結果、初めから大きな要求をする（応諾率16・7％）よりは、その前に小さな要求をした方が第二依頼（大きな要求）の応諾率の高くなること（条件により47〜76％）がわかりました。

この実験から、さらに、フット・イン・ザ・ドア法に関する別の側面についても知ることができます。一つは、第一依頼と第二依頼の時間間隔が2週間ほどあってもよいということです。最適の時間間隔がどのくらいかは、この実験だけからはわかりませんが、少なくとも2週間たってもフット・イン・ザ・ドア法の効果があるといえます。次に、第一依頼と第二依頼が相互に異なるテーマ（たとえば、第一依頼が地域の美化に関することで、第二依頼が交通安全に関することであった場合）であっても比較的効果のあることがわかります。第一依頼と第二依頼の性質が似ている方が効果的ではありますが、それが異なっていても、ある程度の効果が認められるということです。これらのことから、フット・イン・ザ・ドア法は比較的多くの場面で応用できそうだと判断できます。

この方法はなぜ効果的なのでしょうか。少なくとも二つの説明が考えられます。自己知覚とコミットメントです。まず、自己知覚については、第一依頼の小さな要求に応ずることによって、人は自分が「他者から頼まれればそれに応ずる（人助けをしやすいたちの）人間である」という認知が生じ（与え手からそのように指摘されるとなおさら）、それにしたがって第二依頼に対しても応諾しやすくなるということです。つまり、第一依頼によって形成された自分に対する認知に一貫するように第二依頼にも反応するようになるのです。

次に、**コミットメント**とは、何らかの関わりをもつことです。この実験の場合は、ステッカーを貼ったり、署名をしたりすることでした。そのことによって時間と労力というコストを支払ってコミットしていることになります。それに一貫した形で、次の依頼にも応じやすくなると考えられます。

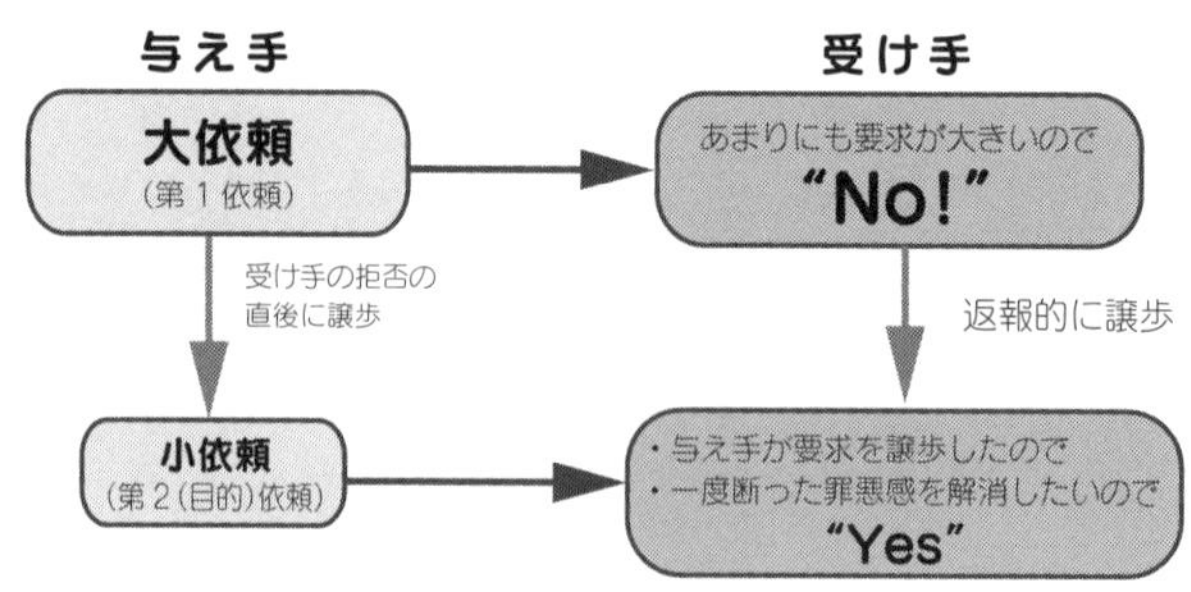

図 5-2　ドア・イン・ザ・フェイス法の仕組み

フット・イン・ザ・ドア法に関する百以上の実験結果をまとめたメタ分析によれば、この効果が必ず生じるというわけではありませんが、まったくないわけでもないという結果が得られています。(13)(31)

2　ドア・イン・ザ・フェイス法（譲歩的依頼法）

次の**ドア・イン・ザ・フェイス法**は、フット・イン・ザ・ドア法とは逆に、大きい要求の次に小さな要求をするという方法です（図5－2）。まず、第一依頼において受け手が拒否するように、わざと大きい要求を出します。そして、受け手が拒否したあと、小さな要求に切り替えて、もう一度依頼します。このとき、与え手が大きな要求から小さな要求に「譲歩」したことになります。与え手が譲歩したので、受け手も返報的に譲歩せざるを得ない気持ちになって、第一依頼では拒否したけれども、小さな要求になった第二依頼にはせめて応諾しなければならないと考えるようになります。与え手が最初から受け手に応諾してほしいと考えていたものは、第二依頼の小さな要求の方です。つまり、第一依頼でわざと大きな要求を掲げることによって、受け手の応諾を引き出そうとする方法です。

この方法は、与え手と受け手がお互いに譲歩し合うことにもとづいたものです。私たちが他者とものの値段を交渉をする際によく採る方法です。つまり、最初のうちはわざと大きな要求を掲げて受け手の反応を見ます。その要求に受け手が応諾してくれれば、与え手としては儲けものです。でも多くの場合、受け手は拒否するでしょうから、多少譲歩して受け手にも譲歩を促し、お互いの妥協点を見出していくわけです。

こうした「**譲歩の返報性**」を利用して、受け手に影響を与えることができることを実験的に示したのが、チャルディーニらです[20]。そして、彼らはこの方法をドア・イン・ザ・フェイス法（door-in-the-face technique）と名づけました。この表現は、戸別訪問をしている販売員が玄関のドアを開けてもらいはしたけれども、販売員であるとわかったとたんに目の前でドアをバタンと閉められてしまうようすを表しています。つまり、受け手から拒否されたことを示しています。

チャルディーニらは次のような実験を行いました。彼らは、大学のキャンパス内を歩いている大学生（被験者）に非行少年の面倒を見るボランティア活動を依頼することにしました。ドア・イン・ザ・フェイス法を用いる条件では、大学生にまず「非行少年の兄や姉の役になるボランティア活動を2年間にわたって週2時間ずつお願いしたい」旨を伝えました（第一依頼）。大学生がその大変なボランティア活動を断ると、「それでは、非行少年たちを動物園に引率していくことを2時間ほどボランティアで手伝ってほしい」とお願いしました（第二依頼）。統制（コントロール）条件の大学生には、最初から2時間の動物園引率のボランティア活動をお願いしました。実験の結果、ドア・イン・ザ・フェイス法を用いた場合は、声をかけた大学生のうち、50・0％の人が動物園の引率に協力してくれると答えましたが、統制（コントロール）条件の場合は16・7％の人が協力してくれると答えたにすぎませんでした。実験の内容を見てもわかるように、フット・イン・ザ・ドア法と比べてみますと、第一依頼と第二依頼との時間間隔はできるだけ小さい方が望ましいようです。時間間隔が大きくなってしまうと、与え手が譲歩したことを受け手に認識されにくくなってしまうからです。さらに、第一依頼と第二依頼の依頼内容が同じか、もしくは類似していることが必要のようです。受け手に量的な譲歩をしたことをわかってもらえるように、同じ内容の依頼をせざるを得ないというわけです。これらの点から、フット・イン・ザ・ドア法と比べると、このドア・イン・ザ・フェイス法を応用できる場面は限られてきます。

また、ドア・イン・ザ・フェイス法が生じる理由として、チャルディーニは右記のように譲歩の返報性を指摘していますが、オキーフらは、罪悪感をあげています。受け手がいくら応諾コストが大きいから第一依頼を断ったと言っても、与え手からの依頼を断ってしまったことに対して、受け手は多少なりとも罪悪感をもちます。依頼内容が社会的に望ましいことであればなおさらです。その後、コストの小さい第二依頼を提示されると、その罪悪感を低減させられることになるので、応諾しやすくなるというわけです[110]。

ドア・イン・ザ・フェイス法に関する実験結果をまとめた研究によれば、その効果はフット・イン・ザ・ドア法よりは小さいようです[111]。言葉（口約束）のレベルでは応じてくれても、それが実際の行動まではつながりにくいようです[30]。

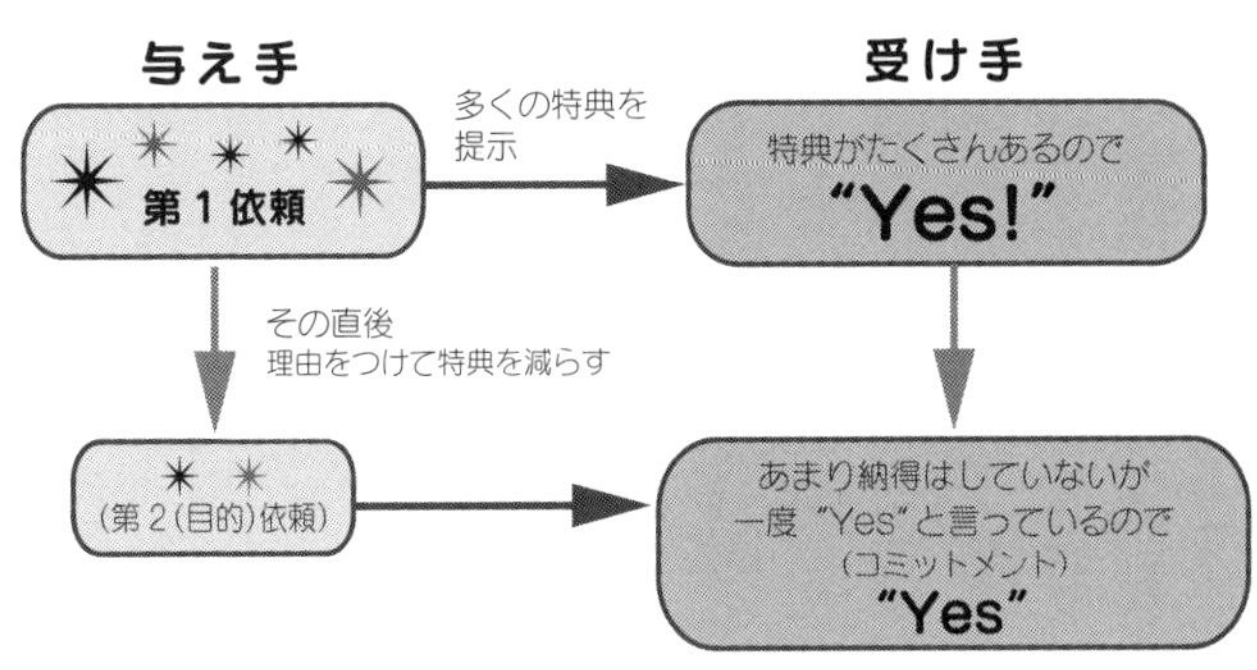

図 5-3　ロー・ボール法の仕組み

３　ロー・ボール法（特典除去法）

第三の**ロー・ボール法**は、まず受け手にとって望ましい条件や特典をつけて、受け手の応諾を勝ち取ってしまう方法です（そのために、「応諾先取り法」と呼ばれることもある。しかし、フット・イン・ザ・ドア法もある意味では応諾先取り的な面があるので、それと区別しやすいように、またこの依頼法の特徴を示すために、本書では「特典除去法」と表現している）。受け手が応諾したあと、何らかの理由をつけて、先に提示した好条件や特典の一部を取り去ってしまいます。言い換えれば、受け手にとって不利な状況にします。受け手は一度応諾してコミットしているので、自分にとって条件が悪くなってしまってもなかなか先の応諾を取り消せなくなってしまいます（図５−３）。

フット・イン・ザ・ドア法の場合は、受け手が応諾した後、受け手にとってはあまり望ましくない要求（大きな要求）をすることになりますが、この特典除去法の場合は、逆に、受け手にとって望ましい特典を取り去ることによって、受け手にとって望ましくない状況が作り出されます。

この方法は、英語ではロー・ボール法（low-ball technique）と呼ばれています。[21] この表現は、受け手が取りやすいような低いボールを投げることを意味しています。受け手が応諾しやすいような好条件を提示することをこのように表現しているのです。

ロー・ボール法は、比較的高価な商品、たとえば、車を売るときに使われることが多いようです。高価な商品ですから、客としてはいろいろな車種の性能、価格、維持のしやすさなどを考慮して慎重に買おうとします。販売員の方は少しでも早くお客の決断を引き出そうとして、いろいろ「おいしい」特典をつけてきます。たとえば、「同じ値段でＥＴＣ車載器とバックモニターを付けます」と申し出ます。客の方はそれだけ特典が付くならいいかと判断して、購入することを決定します。すると、セールス担当者は「営業所長に確認をもらってきます」と言って席を立ちます。そして、「実は私の計算違いで、バックモニターを付けることはできない」と客に伝えます。「それでは約束が違う」と言って、あくまでバックモニターをサービスしないならば買わないとがんばることも可能ですが、一度買うと表明した以上、また、少しでも早く気に入った車に乗りたいという欲求から買わざるを得ない気持ちになるのも確かです。ロー・ボール法においても、その背後で影響を与えているのは、コミットメントと一貫性であると考えられます。販売員の側は、そうした私たちの行動パターンを計算して、ロー・ボール法を巧みに利用しているというわけです。

4　ザッツ・ノット・オール法（特典付加法）

第四の**ザッツ・ノット・オール法**では、ロー・ボール法とは逆に特典を除去するのではなく、付け加

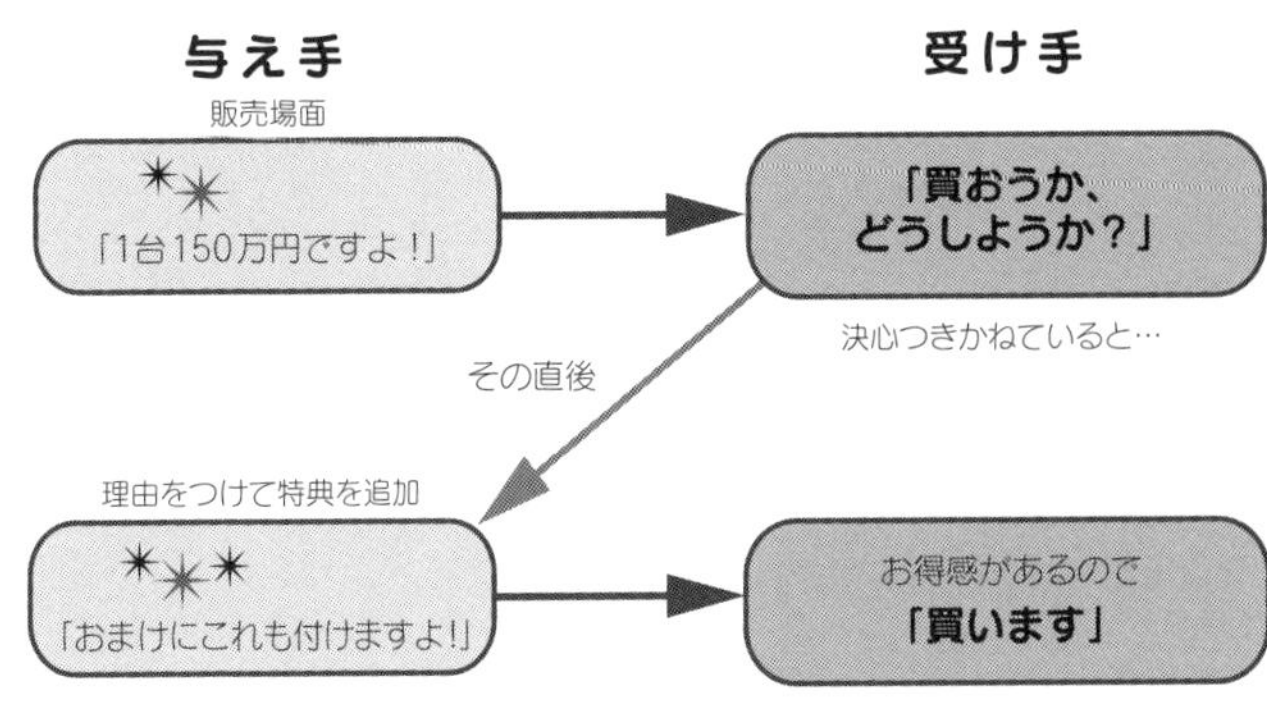

図 5-4　ザッツ・ノット・オール法の仕組み

えることによって受け手の応諾を引き出そうとします。たとえば、自動車を買おうかどうか決めかねている客に対して、「オプションとして車載空気清浄機も付けますよ」と言って、客を買う気にさせる方法です（図５－４）。また、お店で2千円の品物を買おうかどうか迷っているところに、店員が近づいてきて「もうすぐ閉店時間になりますから、１８００円でいいですよ」と言われると、買おうかなという気になります。これも特典付加法です。景品を付け足す代わりに値段を下げて客にとって望ましい状況を作り、買おうという気にさせるのです。最近、テレビで放映されている通信販売では、主たる商品の他に数点の景品が付くことがありますが、これも特典付加法の一種といえます。

この方法は、英語ではザッツ・ノット・オール・テクニック（"That's not all" technique）と呼ばれています。直訳すれば、「それだけではありません法」とでもなりましょうか。品物を買うかどうか決めかねている客に対して、それだけではなくて他にも特典（景品や値引き）があることを強調するというわけです。

これはドア・イン・ザ・フェイス法と似ていますが、違いもあります。それは、最初の段階で受け手に反応をさせるかどうかという点です。ドア・イン・ザ・フェイス法の場合は、わざと大きな要求を出して受け手にそれを拒否させます。「拒否」という反応をさせるわけです。しかし、ザッツ・ノット・オール法の場合は受け手に反応させません。受け手が応じるか断るかの意思表示をする前に、受け手にとって望ましい特典を付け足して、受け手が応諾するように仕向けるのです。

この方法の効果を示した次のようなバーガーによる実験があります。[12]「特典を付ける」「値引きをする」という二種類の状況でザッツ・ノット・オール法の効果が調べられました。被験者は、大学の学園祭で心理学研究部の作ったカップケーキを買いに来た人たちでした。

第一実験では、景品（2枚のクッキー）を付け足す効果について調べました。カップケーキの値段はわざと表示していなかったので、それを買おうと思う人は、値段を聞かなければなりませんでした。被験者が値段を尋ねてきたら、実験者は80円（75セント）であると答えました。

（1）実験条件では、被験者が買うかどうか決めかねている間に、実験者の背後で新聞を読んでいた別の実験者が最初の実験者の肩をたたきました。最初の実験者は「ちょっと待ってください」と被験者を待たせ、二言三言もうひとりの実験者と話をしている振りをしました。そして、「サービスで2枚のクッキーを付けますよ」と答えました。このあと、被験者がカップケーキを買うかどうかが測定されました。

（2）統制条件（コントロール）の場合は、被験者がカップケーキの値段を尋ねたら、すぐに2枚のクッキーも見せて、セットで80円であると答えました。

実験の結果、実験条件の被験者の方がカップケーキを買う比率の高いことが見出されました。実験条件の被験者のうち73％（22人）がカップケーキを買いましたが、統制条件の場合は、40％（12人）でした。

実験2では値引きの効果を調べました。実験条件の被験者が値段を聞いてきたら最初に百円であると答え、実験1と同じように別の実験者とのやりとりのあと、「もうすぐ店じまいをするから80円で結構です」と答えました。統制群（コントロール）の被験者には80円であると最初から伝えました。実験の結果は、実験一と同じでした。実験条件の被験者の方が（応諾率73％）、統制群の被験者（応諾率44％）よりもカップケーキを買う比率の高いことが見出されました。

ザッツ・ノット・オール法が効果をもつ理由は二つあるようです。一つは、ドア・イン・ザ・フェイス法の場合と同じように返報性で説明できます。店員がお客にサービスしたことに対して、客の方も返報する意味で商品を買うようになるということです。このとき、店員がその客だけに特別に便宜を図っているのだという姿勢を示した方がさらに効果的なようです。「あなただけにこの景品を付けますよ」とか「あなただけに値引きしましょう」ということによって、受け手の決断を促すことができるようになります。

余談になりますが、受け手が特別の存在であることを示すやり方は、友人関係で親密になる方法の一つでもあります。「あなただけに打ち明けるのだけれど……」とか「君だけに相談するのだけれど……」と言って、受け手が他の人たちとは違う特別な存在であることを示します。そのことによって、与え手の受け手に対する思いを伝えることができます。すると、返報性の規範によって、逆に受け手からの特別な思いを得られる可能性が高くなり、ますますふたりの間の関係が親密になるというわけです。

二つ目の理由は、品物の値段に対する基準が変化するということです。最初は「ちょっと高いかな」と思っていたのに、特典を付けてくれたので安く感じるようになります。このお得感が応諾を引き起こすと考えられます。

5 ルアー法（疑似餌法）

ドア・イン・ザ・フェイス法では、わざと大きな依頼を行い、受け手の拒否を誘導していました。それでは、与え手自らが第一依頼の存在をなくしてしまったらどうでしょうか。その方法が**ルアー法**と呼ばれるものです。[64][84] ザッツ・ノット・オール法が主に販売場面で有効であったように、このルアー法は、受け手に報酬を約束して何かを依頼する場面に適用できます。

この方法は3段階から構成されています。①まず、受け手に報酬の約束をして、ある行動を取ることをお願いし（第1依頼）、応諾してもらいます。②その直後、何らかの理由をつけて、そのお願いができなくなってしまったと受け手に伝えます（頼んでおきながら、わざと断る）。③その後、第1依頼より報酬の少ない（でも受け手にとっては応諾コストの同じ）第2依頼を行います。報酬が小さくなる分、受け手にとっては不利な状況に置かれることになります。最初に受け手にとって魅力的な報酬（ルアー）を提示しておいて、その報酬を引っ込めてしまうやり方です（図5-5）。

フランスの社会心理学者ジュールらは、次のような実験を行い、その効果を確認しています。[64] 統制群（コントロール）には最初から30分間の記憶実験を依頼しましたが、ルアー群には25分間の映画を視聴してもらった後、

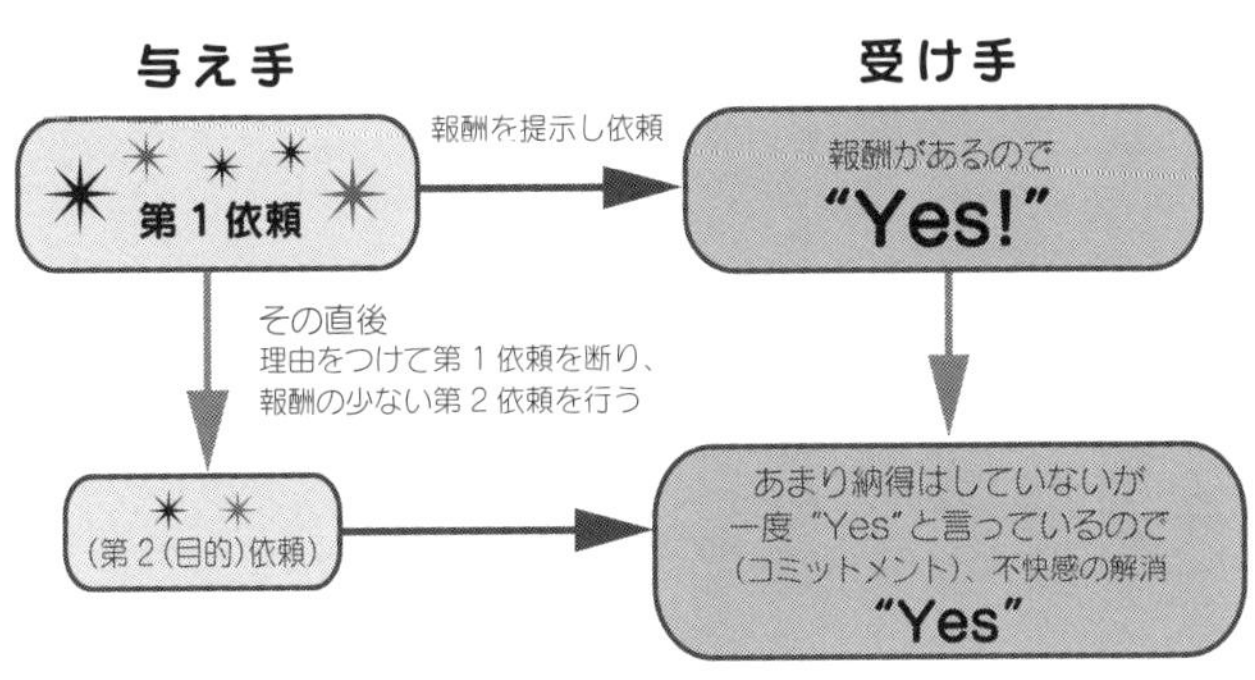

図 5-5　ルアー法の仕組み

5分間、感動的な場面について回答してもらうという実験への参加をお願いしました。しかし、被験者が実験室に来た際に、すでにその実験は充分データが取れて終了したので、代わりに30分間の記憶の実験に参加してくれるかどうかを尋ねました。その結果、統制群の応諾率は15・4％であったのに対し、ルアー群では47・4％であり、ルアー法の効果性が認められました。

このルアー法の効果が生じる理由としては、コミットメントのほかに、第1依頼の行動を実行できなかったことに対して受け手の不快感が高まり、その不快感を減らしたいという気持ちが第2依頼への応諾へつながったと考えられます。

本節で紹介した5種類の技巧的な影響手段を比較すると、フット・イン・ザ・ドア法が最も応用場面の多い方法であるといえるでしょう。第1依頼と第2依頼の時間間隔が2週間ほどでも効果があり、また、販売場面のように特定の場面に限定されていないからです。その次がドア・イン・ザ・フェイス法ですが、この場合は、受け手に依頼内容を量的に調節できる必要があります。つまり、依頼内容を量的に減らせる（譲歩する）ということです。また、ロー・ボール法は必ずしも販売場面である必要はありませんが、受け手の応諾を得た後、受け手にとって不利な状況にしてしまうので、倫理的にはいちばん問題かもしれません。ザッツ・ノット・オール法は、特に販売場面で適用可能です。最後のルアー法は、報酬を渡す約束をして受け手にお願いごとをするという場面にあてはまる方法です。

こうした技巧的な方法は、受け手の応諾を引き出しやすくするために経験的に考え出され、その効果が実験的にある程度確認されてきました。しかし、与え手の働きかけの目標や意図を受け手が働きかけの最初から見抜くことは難しく、その意味では倫理的な問題を含んだ方法といえるでしょう。また、こうした技巧的な方法の効果性は、これらの方法を受け手がどの程度知っているかによっても変わってきます。技巧的な影響手段について知っている受け手は、知らない受け手に比べて、自分がそうした方法で働きかけられていることに気づいて身構え、応諾することに慎重になると考えられるからです。

第二節　影響手段の使われ方

1　人はどのようなときにどの影響手段を使うのか

さて、今までいろいろな影響手段（働きかけ方）を見てきました。それでは、私たちは、これらの手段をどのように使っているのでしょうか。言い換えれば、私たちは、どのようなときにどの影響手段を使う傾向があるのかという問題です。コウディらによるアメリカの大学生を対象にした研究によれば、基本的には、「単純依頼」を用いて自分の要求を単に受け手に伝えることが多いといえます。見知らぬ人や目上の人に働きかける場合のように、多少、受け手の抵抗が予期される場合には、理由づけをしたり、報酬の約束をしたりします。そして、受け手が働きかけに応じることを渋ったり、拒否したりした場合には、その働きかけを断念することが結構あるということです。[23]

たとえば、みなさんが人に頼み事をする際には、できるだけ効果があり、しかも受け手の気分を悪くしないような頼み方をしようと努力するかもしれません。そうした観点にもとづいて、影響手段の選択の仕方を説明できると考えたのがディラードらです。[27] 第一次目標として影響手段の「効果性」（ある影響手段がどの程度効果的に受け手に影響を及ぼすことができるか）をあげ、第二次目標として影響手段の「適切性」（ある影響手段がどの程度受け手の感情を損なわないものであるか）をあげました。さらに、第二次目標を四つに分けています（正確には五つに分類しているが、四番目の目標と実際の影響手段の選択との関係が少なかったので、ここでは省略してある）。

（1）自分の価値基準　（自分の価値観に照らしてふさわしい影響手段であるか）

（2）受け手への配慮　（受け手に悪い印象を与えないような、社会的に見てふさわしい影響手段であるか）

（3）対人関係の維持　（受け手との人間関係を損なわないような影響手段であるか）

（4）不安の喚起　（受け手の居心地の悪さや不安感を高めないような影響手段であるか）

これらの目標と実際に使われる影響手段との関連性を調べたところ、効果性（第一次目標）を重視する場合は、「理由」を提示しながら受け手に働きかけ、受け手への配慮や対人関係の維持を重視する場合は、「報酬の約束」を使う場合の多いことが明らかにされています。

2　人はどのように働きかけられると応じる気になるか

今、私たちが与え手として、どのようなときにどの影響手段を使う傾向があるのかを見てきました。今度は逆に、私たちがどのような影響手段を使って働きかけられると、その依頼に応じる気になりやすいのかを見ていくことにしましょう。筆者はその一つの答えを見出す実験を行いましたので、それを紹介することにします[58]。

この研究では、影響手段の選択の仕方を明らかにする研究でよく使われる、場面想定法でデータを集めることにしました。**場面想定法**とは、仮想的な状況を記述したもの（シナリオ）やビデオ撮影したものを被験者に提示して、そのような状況におかれたとしたら、どのように考えたり行動したりすると思うかを被験者に回答してもらう方法です。被験者を実際の状況におくわけではないので、被験者にとって現実感が薄く、そのような状況で得られた回答にどの程度意味があるのかという問題が指摘されることもあります。そのために、被験者ができるだけ想像しやすく、現実感を感じながら回答してくれるように、場面を設定する必要があります。確かに現実の状況ではないという制約はありますが、参考になるデータを比較的簡単に得られるというメリットがあります。

この研究では、被験者を大学生としましたので、大学生にとって想像しやすい状況として友人、または、クラブやサークルの先輩から「授業のノートを貸してほしい」と頼まれる場合と「お金を貸してほ

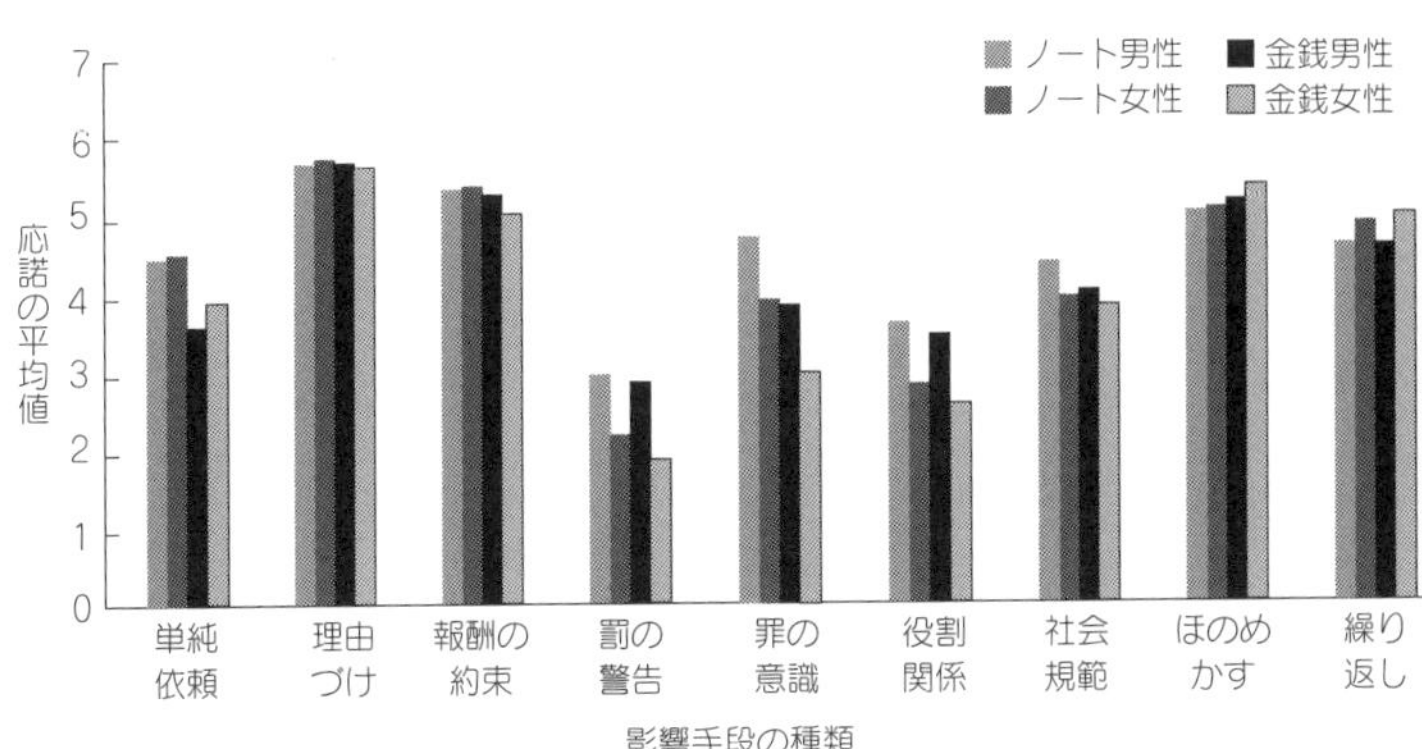

図 5-6　影響手段と依頼への応諾度

しい」と頼まれる場合を設定しました。さらに、頼まれる内容のコストが大きい場合と小さい場合も設定しました。具体的には、ノート貸しの場合は、「試験勉強のために自分もノートが必要な状況」と「自分はもう試験勉強を済ませてしまったので人に貸してもあまり困らない状況」、金銭の場合は、「3千円を貸してほしいと言われる状況」と「千円を貸してほしいと言われる状況」です。

友人や先輩が使ったとされる影響手段として9種類を設定しました。具体的には、「単純依頼、理由づけ、報酬の約束、罰の警告、罪悪感の喚起、役割関係の強調、社会的な規範の強調、ほのめかす、依頼の繰り返し」の9種類です。そして、それぞれの状況において、友人や先輩が9種類の影響手段で頼んできたとしたら、どの程度その友人や先輩にノートやお金を貸す気になると思うかを被験者に回答してもらいました。

どの影響手段が使われたときに、被験者は最も受け手の依頼に応じる気になるかを見ると図5-6のようになります。すなわち、「理由づけ、報酬の約束、ほのめかす」が使われた場合は、「罪悪感の喚起、役割関係の強調」が使われた場合よりも受け手の依頼に応じる気になることが見出されました。さらに、性差が認められ、「罰の警告、罪の意識、役割関係の強調」が使われた場合、女性は男性よりも依頼に応じる気の少なくなることがわかりました。

この研究で扱った社会的影響の状況が限られていますので、一般的な傾向を導き出すのはむずかしいでしょう。しかしながら、私たちは、受け手から理由を言われて頼まれたり、何かしらの報酬がもらえたり、直接的にではなく間接的にやんわりと言われたりした方が、受け手からの依頼に応じる気になるようです。また、男性よりも女性の方が、社会的に適切でない影響手段に対して敏感に反応し、依頼に応じる気にはならないようです。

3　説得研究で見出されている影響手段

人に影響を与える際に、受け手が応諾する際のコストにもとづいて、「軽い」影響と「重い」影響に分けることができます。前者は、たとえば、友人に旅行のための服を選ぶのを手伝ってもらうとか、親に大学サークルの合宿代の一部を援助してもらうとか、部下に書類のコピーを頼むとかというような場合です。今までに紹介した影響手段は、どちらかと言えば、こうした「軽い」影響に対応するためのものでした。後者は受け手の食習慣を変えさせるとか、禁煙させるとか、主義主張を変えさせるとかという場合です。これらの場合には、単に依頼するだけでなく、受け手が納得するような情報と共に言葉をつくして「説得」する必要が生じてきます。情報パワーと関連する部分です。

人を説得するにはどのような方法があるのでしょうか。前述したように、1950年代からホヴラ

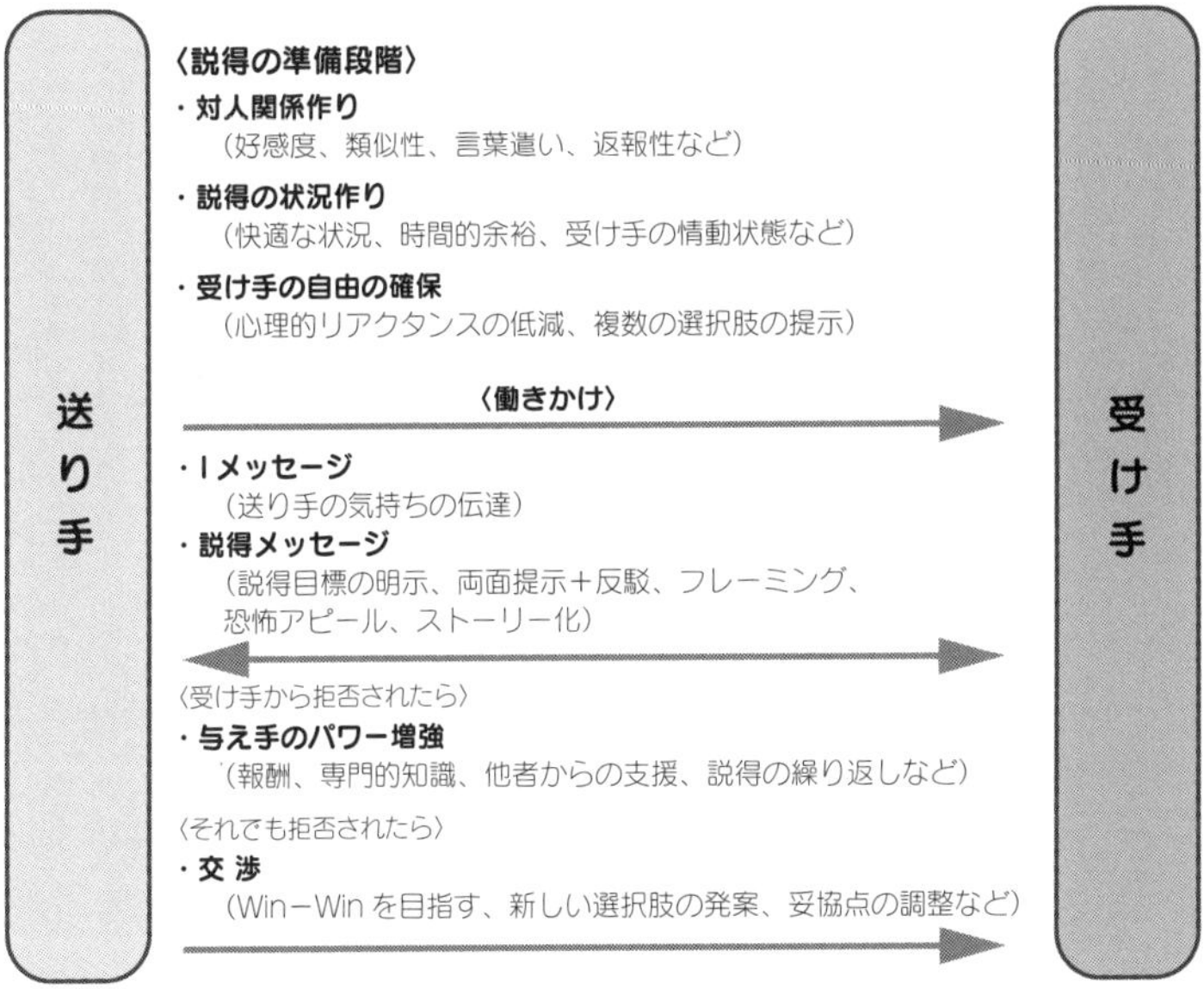

送り手

〈説得の準備段階〉
・対人関係作り
（好感度、類似性、言葉遣い、返報性など）
・説得の状況作り
（快適な状況、時間的余裕、受け手の情動状態など）
・受け手の自由の確保
（心理的リアクタンスの低減、複数の選択肢の提示）

〈働きかけ〉
・Iメッセージ
（送り手の気持ちの伝達）
・説得メッセージ
（説得目標の明示、両面提示＋反駁、フレーミング、恐怖アピール、ストーリー化）

〈受け手から拒否されたら〉
・与え手のパワー増強
（報酬、専門的知識、他者からの支援、説得の繰り返しなど）

〈それでも拒否されたら〉
・交 渉
（Win−Win を目指す、新しい選択肢の発案、妥協点の調整など）

受け手

図 5-7　説得における七つの鍵［今井（2018）図 1 p. v に基づいて作成］

ンドらを中心に説得の研究が始まり、[47] その後、数多くの研究が行われてきました。それらの研究にもとづいて、筆者は人を説得するために必要であると考えられるものを七つの鍵としてまとめてみました（図 5-7）。これらは説得する準備段階から説得メッセージを作り、受け手の反応が思わしくない場合まで、与え手が考えておくべきポイントです。詳しくは拙書『説得力――社会心理学からのアプローチ』をご覧いただきたく思いますが、[56] ここでは、説得メッセージを作る際に重要な一面提示と両面提示、恐怖喚起の問題について見ていきたいと思います。それらが説得における大事な影響手段と考えられるからです。

★一面提示と両面提示

私たちが喫煙者に禁煙するよう説得する

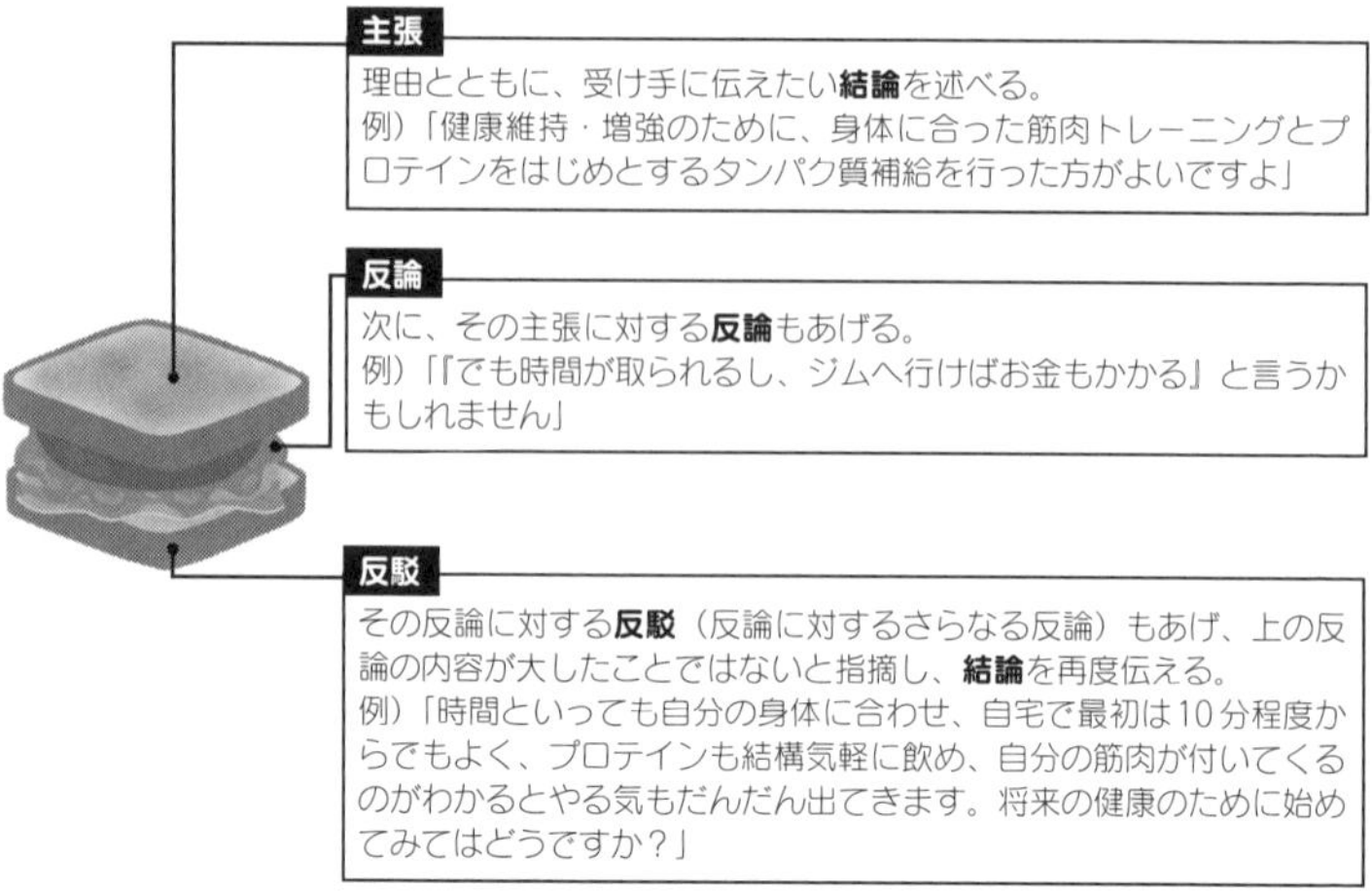

主張
理由とともに、受け手に伝えたい**結論**を述べる。
例）「健康維持・増強のために、身体に合った筋肉トレーニングとプロテインをはじめとするタンパク質補給を行った方がよいですよ」

反論
次に、その主張に対する**反論**もあげる。
例）「『でも時間が取られるし、ジムへ行けばお金もかかる』と言うかもしれません」

反駁
その反論に対する**反駁**（反論に対するさらなる反論）もあげ、上の反論の内容が大したことではないと指摘し、**結論**を再度伝える。
例）「時間といっても自分の身体に合わせ、自宅で最初は10分程度からでもよく、プロテインも結構気軽に飲め、自分の筋肉が付いてくるのがわかるとやる気もだんだん出てきます。将来の健康のために始めてみてはどうですか？」

図 5-8　サンドウィッチ方式：「主張＋反論＋反駁」スタイルの説得メッセージ
［今井（2018）p. 131 にもとづいて改変］

とき、禁煙することの効用（たとえば、肺ガンになりにくい、周囲の人に迷惑をかけない）だけを話す場合と、喫煙することの効用（たとえば、心理的にリラックスする気になる）にもふれる場合が考えられます。前者を**一面提示**と呼び、後者を**両面提示**と呼びます。後者には、反対意見も説得メッセージの中に含まれているからです。

さらに、両面提示には二つのタイプがあります。[2] 一つは、喫煙の効用についてふれるのですが、それに反論することはせずに、単に反対意見だけを示す場合です（両面提示）。もう一つは、反対意見を紹介し、さらにそれに対する反論をあげ反駁（反論に対するさらなる反論のこと）した上で、禁煙を勧めるという場合です（**反駁付き両面提示**）。与え手から見れば、自分の主張したいことをまず提示し、その後、それに対する反論をあげ、さらに、その反論を反駁するというサンドウィッチのような形式になっています（図5-8）。そして、オキーフのメタ分析によれば、反駁付き両面提示の方が一面提示よりも説得効果があること、一面提示は、反駁なし両面提示よりも説得効果の高い傾向が認められました[109]。

こうした結果が得られた背景には、少なくとも二つの要因が考えられます。一つは、反駁付き両面提示をした与え手が、両面からの議論をしているので信頼できると受け手から評価されていたことです。もう一つは、反論に対する反駁を与え手の方で用意してくれているので、受け手自身で考え出すというコストをかける必要がないことです。したがって、一面提示か両面提示かという問題に関しては、両面提示を行い、しかも反対意見に対して反駁することによって説得効果が高くなるといえそうです。ただし、その効果量はあまり大きくなく、両面提示＋反駁という説得メッセージが必ず効果をもつというわけではないようです[109]。

★恐怖喚起

次に、恐怖喚起の問題について見てみましょう。これは、説得をするときに受け手の恐怖感をあおるような説得メッセージを与えた方が効果的なのか、それともできるだけ恐怖感をもたせないようにした方が効果的なのかという問題です。恐怖感を受け手にもたせられるかどうかは、説得のテーマにもよりますが、病気、薬物使用、交通事故、地球温暖化対策、放射線汚染などの場合に当てはまります。たとえば、運転免許証の更新のときに、過去3～5年間に違反があると講習を受けなければならず、衝撃的な映像を含んだ交通事故の映画を視聴させられます。自動車の前面が押しつぶされ、被害者の血が見えていたりします。個人差はあるでしょうが、交通事故の恐怖を講習者に引き起こしています。あるいは、アメリカやEU（ヨーロッパ連合）で販売されているタバコのパッケージには、喫煙によって汚染された肺のグロテスクな写真が印刷され、購入者の恐怖心をあおっています。

結論から言えば、このような場合、受け手の恐怖心を喚起した方が、そうでない場合よりも、受け手は説得されやすいということです。[96][141] さらに、その恐怖心を低減させるにはどのような方法があるかまで提示すると（反論に対する反駁）、受け手は説得メッセージの主張するように判断する傾向があります。

日本では、深田博己や木村堅一が研究を行っており、恐怖感が大きいほど説得効果の大きいことを明らかにしています。[37][38][72] 最近では、そのような側面を認めつつも、分析の仕方によっては、恐怖感の強さと受け手の応諾との関係が逆U字型になっていること（アルファベットのUの字を逆さにしたような関係性）を示す研究もあります。[26] つまり、ある程度は恐怖感を受け手にもたせた方が効果的ですが、強くなりすぎると逆効果になるということです。これらの結果からいえることは、ほどほどの恐怖感（実際にはそれを知ることがむずかしいのだが）を受け手にもたせることが大事であるということです。ただし、モンゴによれば、恐怖喚起に関する多くの研究では、受け手の恐怖に関する生理的指標を測定しておらず、今後は、実際にどの程度恐怖を感じているかについても測定した上で、その説得効果を明らかにすることの必要性を指摘しています。[96]

本章では、主に、受け手の応諾を引き出すための技巧的な影響手段を見てきましたが、次の二つの章では、与え手と受け手の心理的側面に注目したいと思います。

トピック2●教育場面におけるパワー関係

①教師のもつパワー

教育場面の影響力（パワー）に目を向けることにしましょう。小、中、高等学校における学級（クラス）で最も影響力（パワー）をもっているのは、一般的には教師です。教師は学級内においてどのような種類のパワーをもっているのでしょうか。

田崎敏昭は、小学6年生、中学2年生、高校2年生を対象にして質問紙調査を行いました[130]。調査の目的は、児童・生徒にとって、教師はどのようなパワーをもっているのかを明らかにすることでした。児童・生徒の側からみれば、「なぜ教師の言われたとおりに行動し、教師にしたがうのか」を明らかにすることでした。

教師にしたがう理由を予備調査にもとづいて110項目設定し、それらが理由としてどの程度あてはまるかを子どもたちに回答してもらいました。分析の結果、それらの理由を「親近・受容、外見の良さ、正当性、明朗性、罰、熟練性、同一視」などのカテゴリーに分類できることがわかりました。これらは、第1章で紹介したフレンチとレイヴンの分類と対応しているようです。

たとえば、児童・生徒は、先生が「自分の気持ちをわかってくれるから、かっこいいから、先生の言うことは守らなければならないから、面白いから、後がうるさいから、経験が豊富だから、先生のようになりたいと思うから」先生にしたがっているということです。

子どもの年齢が高くなるほど、子どもの知識や判断力、腕力などの資源が増えるために、教師の影響力(パワー)を認めなくなるのではないかと予測されます。田崎はその点も調べています。別の小・中・高校生を対象にして調査を行い、回答者の年齢ごとに結果を分析したところ、年齢とともに教師の影響力(パワー)を小さく認知する傾向が認められました。そして、小学校段階では「外見の良さ」(参照・魅力パワー)を理由に教師にしたがうけれども、高校生段階では罰(罰パワー)を理由にしたがう傾向のあることも見出されました。高校生の場合は、罰によっていやいや教師にしたがわされているという構図が見えるようです。

②児童・生徒間のパワー関係

学級集団におけるパワー関係は、教師－児童・生徒関係だけではありません。児童・生徒間のパワー関係も考えられます。学級内でパワーをもっているのはどのような児童・生徒なのでしょうか。田崎は、教師の場合と同じ手法を用いて、学級内でパワーをもっている児童の特徴を明らかにしています。[131]

小学5・6年生を対象にした質問紙調査において、「学級内でふだん意見や指図にしたがうのは誰から言われたときか」「その人からの働きかけにしたがうのはなぜか」を回答してもらいました。前者は、各児童の学級内における「パワーから見た地位」を測定するための質問項目です。より多くの児童から影響の与え手として選択された児童が、学級内でのパワーの地位が高いと判断します。後者は、教師の場合と同じように、与え手としての児童がもっているパワーを測定するための質問項目です。

①ご購入いただいた本のタイトル

②この本を何でお知りになりましたか？

③この本をお買い求めになった理由は何ですか？

④この本へのご意見・ご感想をお聞かせください。

⑤今後どのような本を希望されますか？
関心のある著者・ジャンル・テーマなどをお教えください。

■本書へのご意見・ご感想などを、小社ホームページや広告などに掲載させていただく場合がございます。

1．掲載してもよい　　2．掲載しては困る　　3．匿名であればよい

ご協力ありがとうございました。

料金受取人払郵便

本郷局承認

3865

差出有効期間
2021年11月
30日まで

切手を貼らずに
お出し下さい。

郵便はがき

113-8790

東京都文京区湯島2-14-11
福村出版株式会社
愛読者係行

フリガナ	年齢　　歳
お名前	性別
ご住所　〒　　－	
電　話	
Eメールアドレス	
ご職業　1. 会社員（職種　　）4. 学　生（中　高　高専　専門　大学　大学院） 2. 自営業（職種　　）5. その他（　　） 3. 公務員（職種　　）	

このたびは本書をご購入いただきありがとうございます。
ご記入いただきましたお名前・ご住所・Eメールアドレスなどの個人情報は守秘義務を遵守のうえ、書籍企画の参考、商品情報の案内にのみ使用いたします。また、許諾していただいた方に限り、本書へのご意見・ご感想などを小社ホームページや広告などに掲載させていただく場合がございます。

その結果、次のようなことがわかりました。

(1) ほかの児童から影響の与え手として選ばれる児童は、親和性（参照・魅力パワー）が高いこと
(2) パワーの地位が高くなるにつれ、指導性、優越性（専門パワー）、明朗性・類似性（魅力パワー）が高くなること
(3) 外見性（魅力パワー）や畏怖（いふ）（罰パワー）は、パワーの地位にかかわらず低いこと

つまり、かっこいいだけであるとか、罰で相手を脅すだけでは、影響の与え手として選択されず、相手から親しみをもたれていることの方が重要なようです。さらに多くの児童から選択されるためには、その親しさのほかに豊富な知識やしっかりした考え、明るさなどが必要になってくるようです。

近年では、**スクールカースト**という概念で、教室内の地位の差が表現されています。鈴木翔は、小学校では特定の児童の、学級内における地位の高低が生じやすく、中学校になると学級内の小グループ間の地位の差が生じること、スクールカースト上位群にいる生徒の特徴として、「にぎやか、気が強い、異性評価が高い、若者文化に敏感」であること、コミュニケーション能力が高いことを指摘しています。上位群内の結束力も高く、学級内に影響力（パワー）をもっているということです[127]。また、水野君平らも中学生を対象に調査を行い、スクールカーストを教室内における中心度、人気度として捉え、コミュニケーション・スキルがそれらに影響を及ぼしていることを指摘しています[95]。さらに、野村祐介はコミュニケーション能力の他にも、性格（明るい、気が弱いなど）、不良気質（先生に反抗的、制服

を着崩しているなど)、スポーツ能力(得意なスポーツがある、花形の部に所属しているなど)、身だしなみ(容姿を誉められる、派手であるなど)を加えて高校生を対象に調査を行ったところ、5要因すべてが中心度(クラス内で中心的な人物である、クラスの雰囲気に影響を与えているなど)に影響を与え、身だしなみ、コミュニケーション、性格が人気度(クラス内で人気者である、クラス内に友人が多いなど)に影響を与えていることを見出しました。(104) これらの結果を見ると、スクールカーストを上昇させる要因は、コミュニケーション能力(自分の考えをうまく相手に伝えることができること)とともに、運動能力に優れていること、人当たりのよい性格であることがわかります。

③「いじめ」に見られる社会的影響

児童・生徒間のパワー関係を取り上げる際に、避けて通れないのが**いじめ**の問題でしょう。戦前からいじめは存在していたようですが、1980年代後半から陰湿ないじめ事件の発生によってマスコミで大きく取り上げられるようになりました。いじめの問題は集団行動の副産物という側面もあると考えられますので、その解決策をたやすく見出すことはできないでしょう。30年以上も問題視されてきたにもかかわらず、依然として沈静化していないということは、かなり根の深い、構造的な問題であるといえます。単に対症療法的に対処していたのでは、このままの状態が続くことになるだけなのかもしれません。ここでは、いじめを社会的影響という視点からとらえることによって、そこに潜んでいる問題の一部を理解したいと思います。

いじめは集団現象です。3~6人ぐらいの子どもがひとりの子どもをいじめ、学級内のほかの子どもは傍観者を装っていて、いじめられる子どもは必ずしも一定ではないというのが平均的な構図でしょう。したがって、そこには小集団（5〜6人ぐらいから構成される集団）を研究対象としてきた**グループ・ダイナミックス（集団力学）**の知見が有用です。たとえば、集団凝集性、集団規範、同調と逸脱、集団斉一性、集団圧力、社会的アイデンティティの確立などの概念を援用することができます。

学級内では仲良しグループができます。40人近くの児童、生徒が一つのグループにまとまることは不可能です。そのため、いくつかの小グループが形成されます。なかにはどのグループにも所属させてもらえない、あるいは、所属しようとしない子どももいます。それぞれのグループ内では、秘密を共有したり、共通する趣味を楽しんだり、あるいは、反社会的行動（万引き、喫煙、飲酒など）を行ったりしてグループ内の結束（凝集性）を高めます。最近では、ライン（LINE）やインスタグラム、ツイッターなどのSNSが発達し、親やクラスの他のメンバーの目に触れないグループを作りやすくなりました。

グループ内の結束を高めるもう一つの方法は、外敵を設定することです。外敵とされてしまうのがいじめられる子どもです。なぜ外敵にされてしまうのか、その理由は基本的には何でもかまいません。おとなしいから、ちょっと変わっているから、生意気だからといくらでも理由をつけることはできるでしょうが、その理由は本質的なことではないようです。外敵が設定されると、その子どもに対して身体的・精神的罰を与え続けることになります（罰パワーの行使）。いじめられる子どもは、相手が複数のためもあって、それに抵抗することができず、「いじめグループ」（与え手）対「いじめられる子ども」（受け手）という構図ができあがってしまいます。

いじめグループのメンバーの中に、自分たちの行動に対して疑問をもっている子どもがいたとしても、グループの規範に背けば自分が逸脱者となり（**黒い羊効果**――白い羊から構成されるグループの中に逸脱者として黒い羊がいると、黒い羊は外敵よりも白い羊からきらわれる現象[83]）、逆に自分がいじめられてしまう恐れがあるため、グループに同調し続けることになります。学級内のほかの子どもも、同じように自分がいじめられる側に陥ってしまうことを避けるため、傍観者となって両者の関係に関わろうとしません。「さわらぬ神に祟りなし」という状況です。義侠心をもっている子どもが教師に報告したとしても、ますますいじめが陰湿になるだけに終わってしまう場合もあります。

多くのいじめ現象において、このようなパワー関係が形成されてしまうということは、教育システムの構造的欠陥といえるかもしれません。その欠陥要因の候補として考えられるのは、たとえば、学級集団が40人程度の大人数の集まりであること、少なくとも一年間は維持される比較的固定的な集まりであること、知識の習得という目的のため、あるいは、高校や大学進学のために、他者が協力者であるとともに競争者であること、人と違っていることを許容しない文化的な雰囲気が存在していること、すべての子どもに同じことを習得させようと教師が努力していること、文部科学省によって決められた膨大な知識を限られた期間内に習得しなければならないことなどでしょう。ほかの要因も含め、何が本質的な問題なのかを見極めた上で、長期的に改善していくしか、いじめの問題を根源から絶つことはできないのでしょう。

④教師間のパワー関係

教育場面において見られるもう一つのパワー関係は、教師間のものです。社会的な地位に裏づけられて、校長や教頭の影響力（パワー）は一般教師よりも大きいといえます。一般の教師間にもベテラン教師と新米教師、男性教師と女性教師というように、インフォーマルなパワー関係も形成されています。

教師間のパワー関係が顕在化するのは、職務を遂行する上で生じてきた問題（コンフリクト）を解決する場合です。淵上克義によれば、教育観や子ども観など各教師がもっている価値観や理念の対立、教師間の好き‐嫌いの感情にもとづいた情緒的なコンフリクトが学校内では発生しやすいということです。[36]

第6章　与え手にかかわる要因

◉ウォーミング・アップ

・あなたは、ほかの人の考えや行動を変えるように働きかけることが好きですか。それとも、ほかの人にいろいろ働きかけるのは面倒で、できるならばそのようなことはしないでいたい方ですか。

第6章、第7章では、人に影響を与える際にかかわる、与え手、受け手の心理学的要因について見ていきたいと思います。本章では、まず、与え手のコントロール感、影響力（パワー）動機、そして、影響力（パワー）をもつことによる認知パターン（ものごとの見方、判断の仕方）の変化に焦点を当てていきます。

第一節　コントロール感

1　人間にとって重要なこと――ものごとをコントロールできること

私たち人間にとって、心理学的に重要な要因は何でしょうか。一つは、第1章で見たように、報酬を獲得し罰を回避する傾向に見られる、報酬と罰をあげることができます。もう一つがコントロール感です。**コントロール感**（perceived control or sense of control）とは、自分の判断で行った行動が予期した結果を生み、自分にとって望ましい状況を自分で作り出せたという認識です。言い換えれば、自分がものごとの主体であり、自分が考えたり動いたりすれば、自分の思い通りの状況を作れるという感覚です。コントロール感をもてることが私たちにとって重要なことは、今までの心理学者が指摘しています。[7][118][138]そして、人に影響を与える与え手は、このコントロール感をもつことができるという側面があります。つまり、人に影響を与えるという行為は、私たちの根源的な欲求の一つと関連しているということです。ここでは、そのコントロール感について見ていきたいと思います。

現在の日本を席巻しているものの一つにコンピュータ・ゲームがあります。１９８０年代の家庭用ゲーム機に始まり、パソコン・ゲーム、携帯電話ゲームまでその快進撃はとどまることなく、テレビでも多くの関連ＣＭが流されています。なぜ、コンピュータ・ゲームはこれほどまでに多くの人の心を引きつけているのでしょうか。それにはいろいろな理由が考えられます。たとえば、だんだんと多くの得点（報酬）を得られるから、得点獲得の達成感が得られるから、問題を解決できたという快感が得られるから、あるいは、ゲーム仲間の友達から仲間はずれにされたくないから、友達やネット上の見知らぬ海外の人たちとも競争できるから、などがあります。

その大きな理由の一つには、コントロール感を得られるからではないかと考えられます。たとえば、ゲーム中の主人公を意のままに操って敵を倒し、ときには友達と協力し合いながら、ゴールを目指していくのです。ゲームの中では、失敗することもあり、工夫と絶妙な反射神経も要求されますが、日常生活とは異なった全能感を味わえるのです。

以下では、コントロール感に関連する「コントロール源の所在」と「学習性無力感」について見ることにします。

2 ものごとをコントロールしているもの――コントロール源の所在

「コントロール源」という漠とした表現を使いましたが、心理学関係の辞典では、原語をそのままカタカナにした「ローカス・オブ・コントロール」とか「統制の所在」とかと訳されています。この概念は、私たちの周囲に生じている現象を左右している、あるいはコントロールしている源は何であるととらえているかということです。具体的には、自分の身の回りに生じている現象は、自分自身が原因になっている（自分が周囲の状況や現象をコントロールしている）と私たちが認知しているのか、それとも自分以外の他者や運などが原因になっていると認知しているのかということです。

こうした見方はロッターが提唱した社会的学習理論にもとづいています。[118] 私たちはこの世に生まれて以来、他者の存在している社会的な状況で育てられます。そして、いろいろな場面でいろいろな報酬を与えられます。赤ん坊は泣くと母親からミルク（報酬）をもらえるかもしれません。小学生は勉強の成績がよかったために、欲しかったテレビ・ゲームを買ってもらえるかもしれません。あるいは、たまたま座ったパチンコの台がよかったために数万円儲けられるかもしれません。報酬を与えられるこうした一つ一つの経験を通じて、私たちは「自分の周囲の世界を主にコントロールしているものは何か」とい

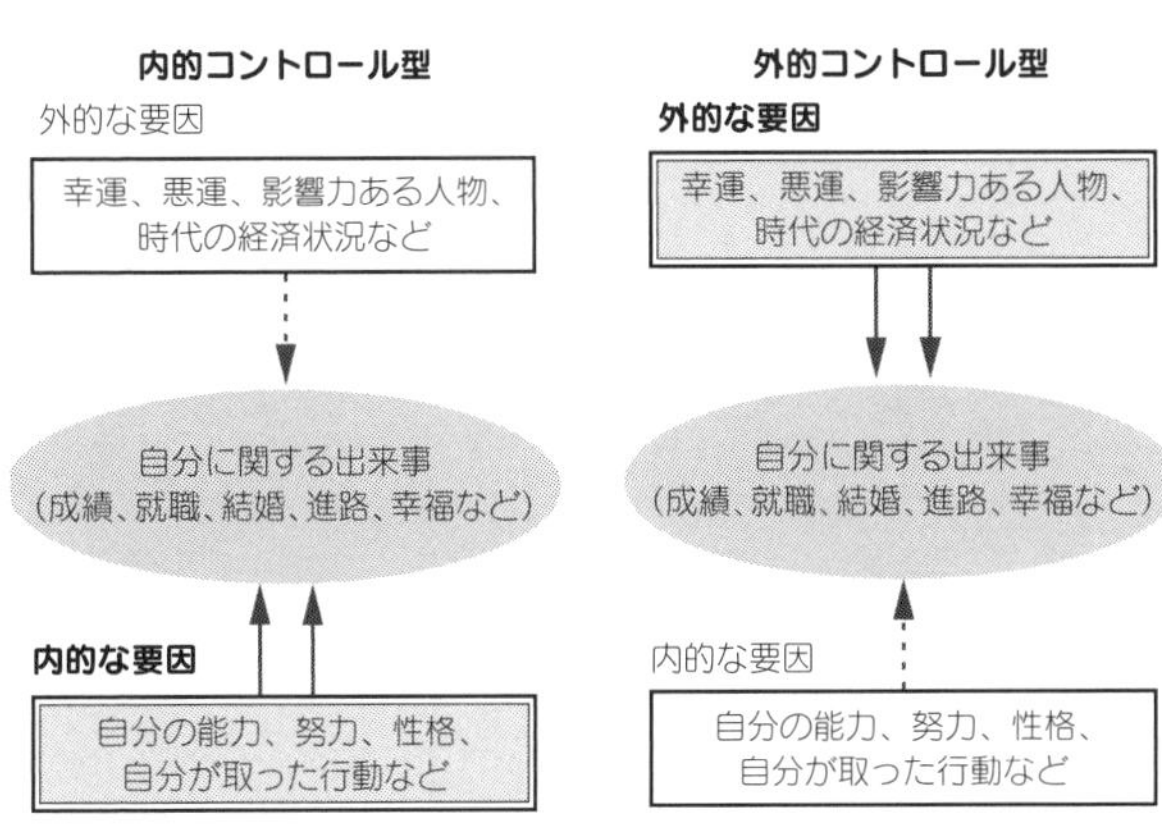

図6-1　内的コントロール型と外的コントロール型の違い

う問いに対する答えを頭の中に作っていくようになるのです。

その際に、大きく分けて二つの見方が形成されます。一つは外的コントロール型（external control）であり、もう一つは内的コントロール型（internal control）です（図6-1）。**外的コントロール型**とは、ものごとをコントロールしているものは他者や運など、自分以外のものであるという見方です。自分に与えられる報酬の一部は、自分の行動や自分の能力にもとづいているけれども、その多くはほかのコントロール源（たとえば、運命、幸運、影響力（パワー）をもった他者、何かわからないもの）にもとづいているという見方です。一方の**内的コントロール型**は、それとは逆に、自分に与えられる報酬の多くは、自分の行動や自分の能力、パーソナリティー（性格）にもとづいているという見方です（社会心理学では、自分の内部に存在する要因を「内的」、自分の外側に存在する要因を「外的」と表現する）。

もちろん、実際には、すべての人が必ずどちらかの見方を取るというのではありません。これは、コントロール感に関する一つの個人差を示す概念です。外的コントロール型と内的コントロール型を両極にした一つの直線上にすべての人の見方が分布することになります。

ある人がどちらの見方をするかは、その人の発達とともに刻々変化します。厳しい練習をした結果、スポーツ大会で優勝を勝ち取れば、内的コントロール型の見方が強くなりますが、大きな自然災害にあって、今まで築き上げてきたものが一夜にして灰燼(かいじん)に帰すことを体験すると、外的コントロール型の見方に傾いてしまいがちです。

また、ある人がどちらの見方をするかは、その人の得意とする領域にもよります。たとえば、スポーツの得意な人は、何とかがんばれば、ある程度のレベルまで達成できるというように内的コントロール的な見方をするでしょう。しかし、同じ人が恋人を見つけることに関しては、努力してもどうにもなることではなく、運によって決まるのだというように外的コントロール的な見方をするかもしれません。

しかし、ロッターによれば、いろいろな経験を通じてものごとのコントロール源に関する見方が形成されると、その後、その見方にもとづいてものごとを認識し、行動するようになります。一般的に、内的コントロール型の人は外的コントロール型の人よりも社会的に適応的な行動を取る傾向が見られます。たとえば、内的コントロール型の人は、外的コントロール型の人よりも、ものごとに失敗してもなかなか諦めようとせず、長い時間作業を行おうと努力し、ストレスを感じてもそれにうまく対処し、学業成績が高く、収入が多く、自分にとって新しいやりがいのある作業に挑もうとし、自分自身を積極的で、強く、自立した人間であると認知する傾向のあることが見出されています。

また、コントロール源に関する見方は、私たちの精神的健康にも関連しています。(22)「病(やまい)いは気から」

という言葉をよく耳にしますが、心理学者はそれを裏づける研究結果を提出しています。自分の人生が自分の能力や行動以外の要因によって決定されている、自分では自分の人生を改善できない、自分が努力しても目標を達成できないと認識するようになると、以下に述べるセリグマンの実験のイヌのように、だんだんと無気力の状態に陥ってしまいます。そして、そうした見方が一般化して慢性的になってしまうと、うつ的な症状を示し、生活上のすべてのことについて自らことを起こそうとしなくなり、無反応の状態が続くようになってしまうのです。

いずれにしても、自分が何かことを起こせば、自分にとって望ましい事態をもたらすことができるというように内的コントロール型の見方をすることが、私たちの心理的健康にもよい結果をもたらすようです。影響力（パワー）をもつ与え手は、内的コントロール型になりやすく、そうしたメリットを得やすいといえそうです。なお、ロッターの作成したローカス・オブ・コントロール尺度の日本語版も作成されていま す。(65)

3　コントロール感を剥奪された状態――学習性無力感

次に、外的コントロール型の見方がどのように形成されてしまうのか、動物実験を通して見てみます。アメリカの心理学者セリグマンらは、コントロール感をもてなくなると、人だけでなくイヌまでも無力感に陥ってしまうことを明らかにしました。(121) 彼はイヌを被験体にして、多くの実験を行いましたが、そのうちの一つを紹介します。(122)

実験条件は三つで、２日にわたって実験が行われました。第１日目の実験では、どの条件のイヌも、多少は動ける程度にハーネスに固定されました。そして、平均して90秒間の間隔で、5秒間続く電気ショック（6・0 mA）が一日に64回イヌに与えられました。

その電気ショックは、イヌにとって不快な痛みを与えるものでした（イヌに電気ショックを与えるというのは、実験のためとはいえ残酷であり、動物に対する配慮が必要である。そこで、1981年にアメリカ心理学会は、動物実験において動物にできるだけ苦痛やストレスを与えないような工夫をすること、苦痛を与えざるを得ない場合は、本当にその実験が人間の健康と福祉を増進させるために必要なのかどうかを熟慮することなどを明文化した倫理綱領を制定した。日本においても日本心理学会が2009年に倫理規程を刊行している）。

イヌがその電気ショックを回避できるかどうかによって、実験条件が設定されました。各条件には被験体として8頭のイヌが割り当てられました。

（1）回避可能条件のイヌは、目の前に板があり、それを鼻で押すと電気ショックを止めることができました。

（2）回避不可能条件のイヌにも同じような板が設置されてはいましたが、電気ショックを切るスイッチにはなっていませんでした。そのために、与えられた電気ショックをひたすら我慢するしかありませんでした。

（3）統制条件のイヌは、一日目の電気ショックは与えられませんでした。

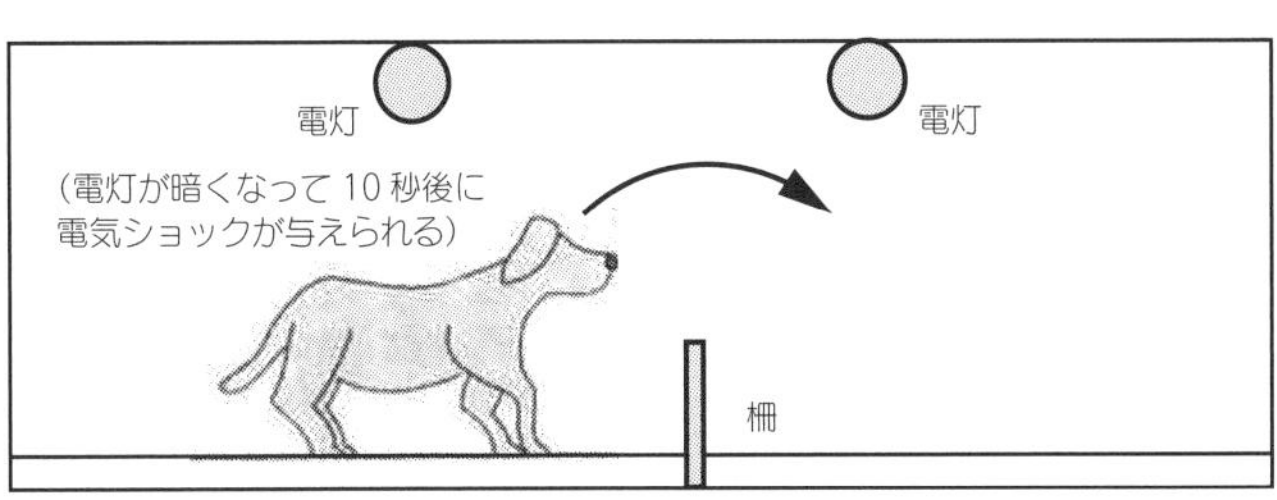

図 6-2　学習性無力感の実験で使われたシャトル・ボックス

二日目に、各条件のイヌは、回避学習を行わせるための実験装置（シャトル・ボックス）に入れられました（図6－2）。その実験装置は二つの部屋に区切られていて、部屋の境にイヌの肩ぐらいの高さの柵が立てられていました。一方の部屋にいると何の前触れもなく部屋の灯りが暗くなり、10秒後に電気ショック（4・5 mA）が与えられました。しかし、その10秒間のうちに柵を越えて反対側の部屋に移動すれば、電気ショックを回避できました。たとえ、電気ショックを与えられてしまっても、すぐに反対側の部屋へ移動すれば、電気ショックから逃れることができるということです。

イヌが反対側の部屋に移動しなくても60秒たてば、電気ショックのスイッチは切られました。ただし、決まった片方の部屋だけが安全というわけではありませんでしたので、部屋の灯りが暗くなったら、反対側の部屋へ移動することが必要でした。

実験は平均して90秒の間隔で、10試行実施されました。

実験の結果、回避不可能条件のイヌだけが、他の二条件のイヌに比べて、電気ショックを事前に避けるという動作を学習しにくいことが明らかになりました。10試行中の平均回避失敗回数は、回避不可能条件が7・25回、回避可能条件が2・63回、統制条件が2・25回でした。

つまり、一日目の実験において、目の前の板を鼻でつつけば電気ショックを回避できることを体験したイヌは、二日目の実験においてもいやな電気ショックから何とか逃れようと工夫し、実際に回避できる可能性が高まったということです。

セリグマンはこうした実験を通して、われわれ人間や動物（イヌ、ネコ、ラットなど）は、自分の行動と関係なく不快な刺激を与え続けられると無気力に陥り、その後、自分が効果的に動けば不快刺激を回避できる状況に置かれても何も反応しなくなってしまうことを見出しました。彼は、こうした現象を**学習性無力感**と呼びました。つまり、無力感が学習されてしまうというわけです。

彼は、無気力の状態になると、①環境に能動的に働きかけることをしなくなり、②新しい行動パターンを獲得しにくくなり、③心理的に混乱した状態になると指摘しています。さらには、学習性無力感が強くなると、うつ的症状になるとも指摘しています。[121] 無力感に陥って、ものごとに対するやる気を失ってしまうのは、私たちにとって困ることですから、コントロール感をもてないことが私たちに悪影響を及ぼすという観点からも、コントロール感の重要性を理解できるということです。

4　コントロール感の錯覚

私たちにとってコントロール感をもつことの重要性がわかりましたが、おもしろいことに、実際にはコントロールできていなくても、私たちはコントロールしていると勘違いしてしまうことがあります。言い換えれば、勘違いをしてまで、私たちは自分がものごとをコントロールしていると認知する傾向があるということです。

その点を明らかにしたのが、ランガーという心理学者です。(76) 彼女によれば、客観的には偶然に起きた現象であるにもかかわらず、私たちは自分がその現象をコントロールしていると錯覚してしまうということです。彼女は六つの実験を行っていますが、そのうちの一つを見てみることにしましょう。ある企業の従業員が被験者です。その上司が実験者となって、社内で行う１枚百円（１ドル）の宝くじを買わないかと声をかけます。宝くじは、ひとりが１枚だけ買うことができ、売上金額の全額が抽選に当たったひとりに与えられます。宝くじを買うことに同意したら、その人がこの実験の被験者となります。

宝くじは３桁の数字から構成されていて、その数字をどのように被験者に伝えるかによって二つの条件が設定されました。

（１）高関与条件——一群の被験者には、一日に一桁ずつ数字を伝えました。つまり、声をかけたその日に一桁、翌日に別の一桁、その翌日に最後の一桁を伝えるわけです。被験者は３日間にわたって自分の宝くじの番号は何なのだろうと考えるようになり、宝くじに対してより強く関心をもつようになるとランガーは考えました。

（２）低関与条件——もう一方の被験者群には、宝くじを買ったその日に３桁すべての数字を伝えました。高関与群に比べれば、自分の買った宝くじについて長く考えることはせず、関与度が低いと考えられます。

月曜日が宝くじの販売日で、その週の金曜日が抽選日になっていました。木曜日もしくは金曜日の朝に、再度、実験者は個別に被験者に会い、少々世間話をしたあと、次のように伝えました。

「この間買ってもらった宝くじの件だけど……。宝くじの購入希望者が多かったので、別の新しいセットを売ることにしたんだ。新しいセットも前のと同じ1枚百円で、当たると2千5百円もらえるんだ。抽選日も同じ金曜日なんだ。君の買った宝くじのセットは、お陰で25人全員に完売できたよ。新しいセットの方は、今のところ20人が購入済みで、まだ余裕があるんだ。僕としてはどちらでもいいんだけれども、君が前に買った宝くじと今度の新しいセットの宝くじとを交換してあげてもいいが、どうする？　ただ、このように君に言ったことは、ほかの誰にも言わないでくれ」

つまり、25分の1の確率の宝くじから21分の1の確率の宝くじへタダで乗り換えないかと誘ったわけです。そして、被験者が新しいセットの宝くじへ乗り換えるかどうかが、まず確認されました。乗り換えるといった被験者には、再度、実験者が会って、「実は、新しいセットの宝くじをなくしちゃってさぁ、君の希望に沿えなくなってしまったんだ。ごめん」と言って、乗り換えさせることは実際にはしませんでした。抽選後、すべての被験者に質問紙を渡し、「あなたは自分の宝くじが当たるとどのくらい自信をもっていますか」という質問に回答してもらいました。

実験の結果はどのようになったのでしょうか。高関与群（31・6％）の方が低関与群（63・6％）よりも宝くじを交換しませんでした。また、前者の方が、自分の宝くじが当たる自信があると答えていました。

客観的に判断すれば、これはおかしな結果です。もし私たちが客観的に、正確にこの実験の状況を判断できているとすれば、高関与群も低関与群も同じ比率で別のセットの宝くじへ乗り換えたはずです。自分の宝くじが当たるという自信も同じ程度であったはずです。しかし、実験の結果がそうではなかったということは、私たちは、（３日間にわたって一桁ずつ数字を伝えられるように）自分のもっている宝くじに対する思い入れが強くなると、それが当たる確率が高いと勘違いしてしまい、別のセットの宝くじと交換しようとしなくなることを意味しています。

ランガーは、この関与度の要因のほかにも、自分が宝くじを選んだかどうかの要因もコントロール感に影響を与えていることを見出しています。つまり、実験者が勝手に選んでくれた宝くじよりも、被験者自身の選んだ宝くじの方が当たると被験者は自信をもっていたのです。

これらの結果は、客観的に見れば当たる確率に違いのない場合であっても、自分がより強くそのことがらに関与すると、自分に有利な結果がもたらされると勘違いしてしまうことを示しています。ロッターのコントロール源の概念を使えば、私たちは少しでもあることがらに関与すると、内的コントロール型のように判断してしまう傾向があるということです。この意味では、私たちは外的コントロール型の見方をしにくい、無力感に陥りにくい判断をする傾向があるといえるでしょう。

今、見てきたのは、ものごとに対する自分の関与度がその後の認知パターンに影響を与えるということでした。それと同じように、人に影響を与えて、受け手が自分の望むように行動をしたという経験を繰り返すと、与え手の認知が一定のパターンを示すようになると指摘されています。

第二節　人に影響を与えることによる認知変化

ここで問題にする影響力（パワー）は、報酬パワーと罰パワーです。つまり、人に報酬や罰を与えることの約束（もしくは脅し）を通して、人に影響を与えることを繰り返すと、逆に人から影響を受ける経験をした人とは異なる認知パターンになるということです。報酬や罰を振りかざして、多少強引に受け手の行動を変える経験を繰り返すことによって、ものごとの認識の仕方も変わってくるということです。そうした点を指摘した研究が2000年頃から行われるようになってきました。ここでは、主要な4点について紹介したいと思います。

一つは、受け手との**心理的距離**が遠くなるということです。心理的に受け手を遠ざけるということです。「いや、そのようなことはない。自分はリーダーの経験があるけれども、メンバーにはなるべく親しみをもって接するように努力してきた」という反論も聞こえてきそうですが、ここで問題にしている影響力（パワー）は、右のように報酬や罰を駆使している場合です。それ以外の正当パワーや専門パワー、参照パワー・魅力パワーなども用いているリーダーシップとは異なる側面があります。

マギーらの影響力（パワー）の社会的距離理論（social distance theory of power）によると、(81) 影響力（パワー）をもっている人は、影響力（パワー）のない人たちが（影響力（パワー）のある人のもっている）報酬を得ようとしている存在であると認識し、そのため、パワーのない人たちが自分とは異なる存在であるととらえ、心理的に遠くに存在していると認識するようになるということです。また、その結果、他者の気持ちに無関心になるとも指摘しています。

それより以前の１９７２年に、キプニスは影響力（パワー）の変性効果（metamorphic effects of power）として、影響力（パワー）保持者が受け手に対して心理的距離を取りたがることを指摘していました。[73] ただし、筆者がその実験を追試してみたところ、結果は再現されませんでした。[49][60] 実験では、被験者が３人の作業員の監督者役となり、作業員に対して、報酬（加点、昇格）や罰（減点、降格）を提示しながら、暗号解読作業の指示を与えました。６回に渡って作業結果が監督者に渡され、その後、自分のパワーを用いて自由に指示を作業員に与える機会が与えられました。実験では、被験者による監督の結果、目標を達成できる成功条件、そして、失敗条件が設定されました。その結果、成功群の方が、実験後に作業員とお茶を飲みながら実験について話をしてみたいと回答しており、心理的距離が近いことが認められました。しかし、パワーの行使と心理的距離との関連性は認められませんでした。実験において作業員に対してパワーを行使するという体験が少なかったという点も考えられますが、実験で一時的に一緒になった作業員に対して、わざわざ心理的距離を取るような失礼な反応を避けたとも考えられ、日本では文化的規範の影響を受けているとも考えられます。

二つ目は、パワーを行使すると、他者を**ステレオタイプ**的に見るようになることです。ステレオタイプは紋切り型とも訳され、あるグループやカテゴリーに所属するメンバーの特徴、特性を単純化してとらえることです。たとえば、「日本人は勤勉である」とか「イタリア人は陽気である」とかいうとらえ方です。日本人の中にも怠惰な人はいますし、イタリア人にも暗い人はいるでしょう。しかし、そのカテゴリーの中にいる特徴的な人の傾向を単純化する見方がステレオタイプです。

フィスクによれば、影響力（パワー）をもつ人は、ひとりひとりのメンバーの特徴を細かくとらえることはせずに、ステレオタイプ的に大雑把にとらえる傾向があるということです。その理由を考えると、低影響力（パワー）保持者は報酬や罰をコントロールできないので、高影響力（パワー）保持者が低影響力（パワー）保持者に注意を向ける必要がなく、ステレオタイプ的にとらえても支障が生じにくいからであるということです[32]。

三つ目は、ものごとを具体的にではなく、**抽象的、全体的、俯瞰的に見る**ようになることです。これは、二つ目のステレオタイプにも通じる指摘といえます。対象となるものや人を個別に具体的にとらえようとするのではなく、その大体の傾向を抽象的、あるいは全体的にとらえようとすることです。つまり、ひとりひとりの存在や特徴に関心が向かなくなるということです[126]。その背景には、個々の具体的な側面に注意を向けすぎては、全体像を把握しにくくなり、目標を達成しづらくなることがあると考えられます。

四つ目は、**リスク追求的**になることです。**リスク**とは、自分に損害をもたらすような危険が発生する可能性のことです。たとえば、事故、災害、薬害などが自分の身に降りかかってくる可能性です。影響力（パワー）を行使すると、ものごとに慎重になるというよりは、リスクを楽観的にとらえ、危険を顧みずにリスクを冒す傾向が大きくなります[3]。

報酬や罰をコントロールできることによって、なぜこれらの認知パターンになりやすくなるのかについてはさらに明らかにしていく必要がありますが、このように受け手との距離を取り、ものごとを抽象的にとらえ、リスク追求的になるという傾向があることを知っておいた方がよいでしょう。

第三節　人に影響を与えたいという動機

1　社会的動機――達成動機と親和動機

次に、人に影響を与えることにおける個人差について見ていきたいと思います。それを示す概念が「影響力動機」(power motive、勢力動機)です。人に影響を及ぼしたいという動機です。

影響力動機について述べる前に、「動機」(motive)とは何でしょうか。日常的には、動機という言葉は「犯人が彼女を殺した動機は何か」とか「彼が万引きをした動機は何か」という形で使われます。そして、その答えとして「犯人は彼女の遺産をねらっていたようだ」とか「彼が万引きしたのは、金に困っていたからではなく、スリルを味わうためにやっていたようだ」ということを知ると、私たちはそうした事件が起きた背景を理解できた気になります。この場合、動機という言葉は、犯人が事件を起こした理由、もしくは、犯人にその行動を取らせた要因は何かということを意味しています。

心理学の専門用語としての「動機」も、ほぼ似た意味で使われていますが、行為者が自分では意識していないような要因も含めて動機と呼んでいます。つまり、**動機**とは、ある行動を引き起こし、ある目標を達成するように(その行動を)方向づけ、一定時間持続させるものです。その中には、動因(drive)、欲求(need)、衝動、欲望などが含まれますが、研究者の考え方によって使われる言葉が異なります。また、ある行動を引き起こし、目標に向けて方向づけるプロセスを**動機づけ**(motivation)と呼んでいます。

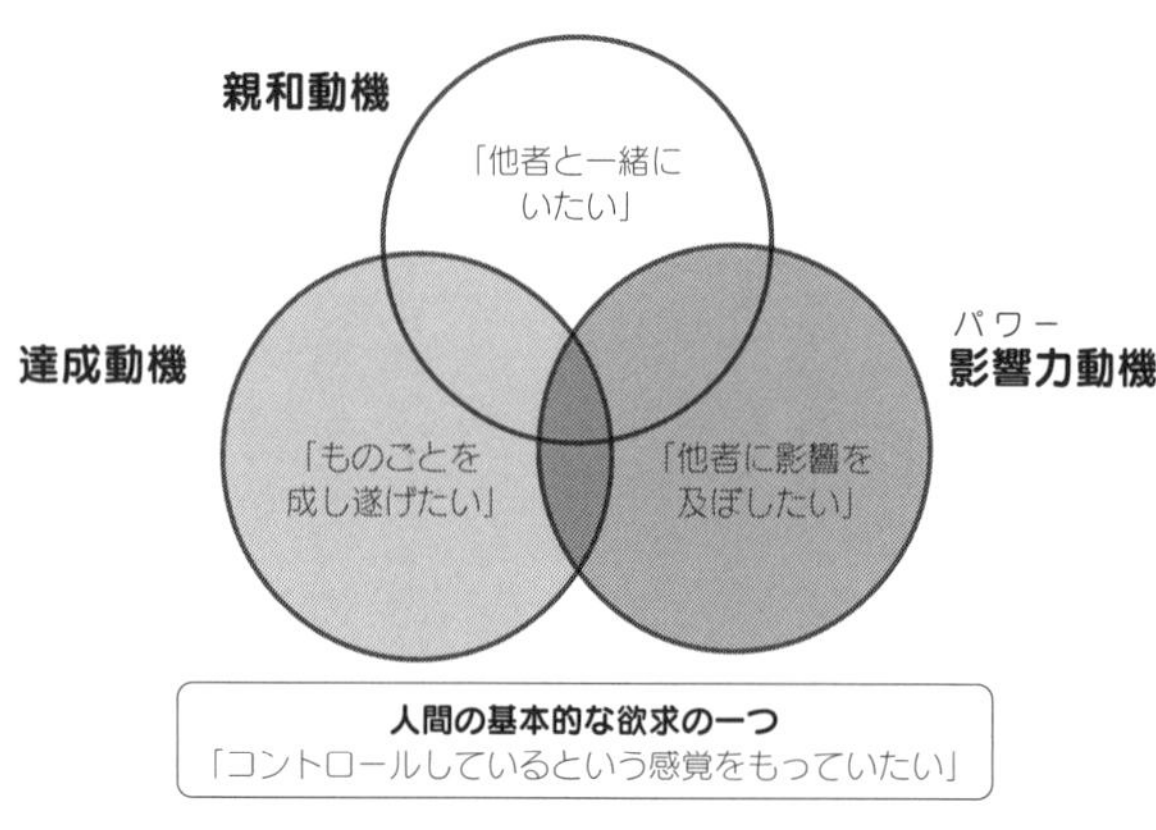

図 6-3　3 種類の社会的動機

動機は、生物的動機と社会的動機の二つに分けることができます。**生物的動機**とは、私たちが自分の身体を維持するために、生まれたときから私たちに備わっている動機です。のどが渇くと水を飲みたくなったり、お腹がすく（血糖値が下がる）と食べ物を食べたくなりますが、これらは渇きや飢えという生物的な動機です。**社会的動機**とは、私たちがこの世に生まれ落ちて、社会生活を営んでいくうちに、学習された結果生じてくる動機です。生物的動機のように生得的なものではありません。社会的動機として、達成動機、親和動機、そして影響力（パワー）動機があります（図６－３）。

達成動機は日常語の「やる気」とほぼ同じ意味をもった概念で、自分にとって困難な目標を立て、それをできるだけ迅速に立派に成し遂げようとする動機です。自分では今度の数学の試験で80点を取るのはちょっとむずかしいかもしれないと判断しているときに、少なくとも80点は取ろうと目標を定め、それを達成するためにいろいろ試験勉強をする場合、それは達成動機にもとづいた行動といえます。現在の日本の社会は競争社会で、教育、スポーツ、産業などあらゆる面で業績を上げることに対して多くの人が価値をおいていますので、こうした動機が生じてきます。

しかし、社会的な動機ですから、人によってその動機をもつ強さが異なります。一般に、達成動機の高い人は、それの低い人よりも、適度に困難な目標を定めること、自分の成績の推移や結果を知りたく思うこと、運によって決まってしまう課題よりも自分の技能や努力いかんで決まる課題を好むこと、成功や失敗に関して自分の責任を強く感じることなどの特徴が見られます。

次に、**親和動機**は、他者と一緒にいたい、他者と友人関係を作り、一緒に作業をしたいという動機です[107]。私たちは、自分の趣味にもとづいて同好会や、サークル、クラブなどに所属することがありますが、そうした行動は親和動機の現われであると解釈できます。親和動機の高い人は、他者とコミュニケーションをとる頻度が高いこと、他者から承認を求める行動をよく行うこと、他者から評価されるような場面におかれると不安を感じることなどが明らかにされています。

また、状況によっても親和動機が高められたり、低くなったりします。ある研究によれば、人は不安を感じると（たとえば、これからバンジー・ジャンプを飛ばなければならない場合）、親和動機が高くなることが明らかにされています[120]。

2　影響力動機

本書のテーマに関連の深い**影響力**（パワー）**動機**は、他者よりも影響力をもちたい、自分には影響力があると感じたい、他者に影響を及ぼしたいという動機です。私たちの周囲には、人が集まるといろいろ人を指図したがる（仕切りたがる）人や、できるだけ社会的に高い地位につきたがる人がいる一方で、そうした影響力を志向せず、人につきしたがっていく方が楽でいいと感じている人もいます。影響力動機はそのように他者に及ぼす影響力をどのくらいもちたいと望んでいるかに焦点を当てています。

ウィンターによれば、影響力動機の高い人は、それの低い人よりも、①自分を実際よりもよく見せようとする、②外車を初めとして名声の高い品物を所有している、③会話の中で自分の名声とか特権とかについて述べる、④他者に影響を及ぼすために強い行動を取るなどの特徴があります。[139] 影響力動機の高い人は、他者に多くの影響を及ぼそうとしたり、できるだけ多くの影響力をもとうとしたりするだけでなく、実際以上に自分のパワーが大きいことを周囲にアピールすることがわかります。

自分の姿が他者にどのように認識されているかを意識し、自分の姿を望ましい形で他者に認識させる行動は**自己提示**（self-presentation）と呼ばれています。[4] 日本では欧米社会より自分のポジティブな面を他者に積極的に提示することは、あまり好ましい行動であるとは評価されていません。「能ある鷹は爪を隠す」「実るほど頭を垂れる稲穂かな」という諺にも表現されているように、能力があるほど、それを他者に自慢げに提示しないことが美徳であると考えられています。したがって、日本においては、影響力動機が高くても自己アピールをすることを抑制する社会的規範が存在していると考えられます。

アメリカの心理学者・ベネットは個人反応目録（the Index of Personal Reactions）と呼ばれる、影響力動機を測定するための質問項目を作成し、[8] 筆者はベネットの個人反応目録の日本語版を作成しました。[59] 大学生を対象にして質問項目の因子分析を行ったところ、質問項目を五つのカテゴリーに分類できることがわかりました。それらに含まれる代表的な質問項目は次の通りです。

（1）他者に影響を及ぼすことのできる**能力**
「自分の望むように他の人たちを説得できる能力が私にはある」
「私が他の人たちを説得すると、たいていの場合、自分の望むようにうまくことが運ぶ」

（2）他者に**影響を与えたいという動機**
「私は、他の人たちに影響を及ぼすことができるような立場に立ちたい」
「私は、他の人たちが私の言葉で動いているという感じをもちたい」

（3）他者に影響を及ぼすことに対する**ポジティブな評価**
「私のアイデアや意見が他の人たちに大きな影響を及ぼしたとき、とても嬉しく思う」
「私は、他の人たちが自分の意見に賛成してくれたり、自分のようなものの見方をしてくれると嬉しくなる」

（4）他者から影響を受けたときに**抵抗したいという動機**
「私は、他の人たちから何か指示されることが好きではない」
「私は、他の人たちが自分に対して親分風を吹かせるのは、我慢できない」

（5）他者に影響を及ぼすことの**自信**
「多くの人にパワーをもつ社長のような立場に立てる能力が、私にはあると確信をもっている」

「私は、すばらしい社長や政治家になれる自信がある」

影響力(パワー)動機本来の定義から判断すれば、二番目のカテゴリーが最もそれに近いものになります。カテゴリーによって3～14の質問項目が含まれ、「まったくそう思わない～非常にそう思う」の7点尺度上に回答するようになっています。その合計点にもとづいて、人に影響を及ぼしたいという気持ちの強さを測定します。

本章では、与え手の心理学的要因について見てきました。そこには、人間として存在するのに大事なコントロール感、影響力(パワー)をもつことによる認知パターンの変化、そして、最後の影響力(パワー)動機がありました。次章では、受け手の気持ちになってみたいと思います。受け手にはどのような心理学的要因がかかわっているのでしょうか。

第7章　受け手の反応

◉ウォーミング・アップ

・あなたの友人（あるいは、部下、親戚）があなたに2週間10万円を貸してほしいと言ってきたとします。あなたはそれに対してどのように答えるでしょうか。そして、そうした答えを出した理由は何でしょうか。

第一節　応諾する際に受け手が考慮する要因

与え手から何らかの影響を受けたときに、受け手は、どのような情報を基にして自分が取るべき行動を判断するのでしょうか。図7－1に示しましたように、受け手は、いくつかの情報を基に判断を下すと考えられます。すなわち、以下のようなことです。

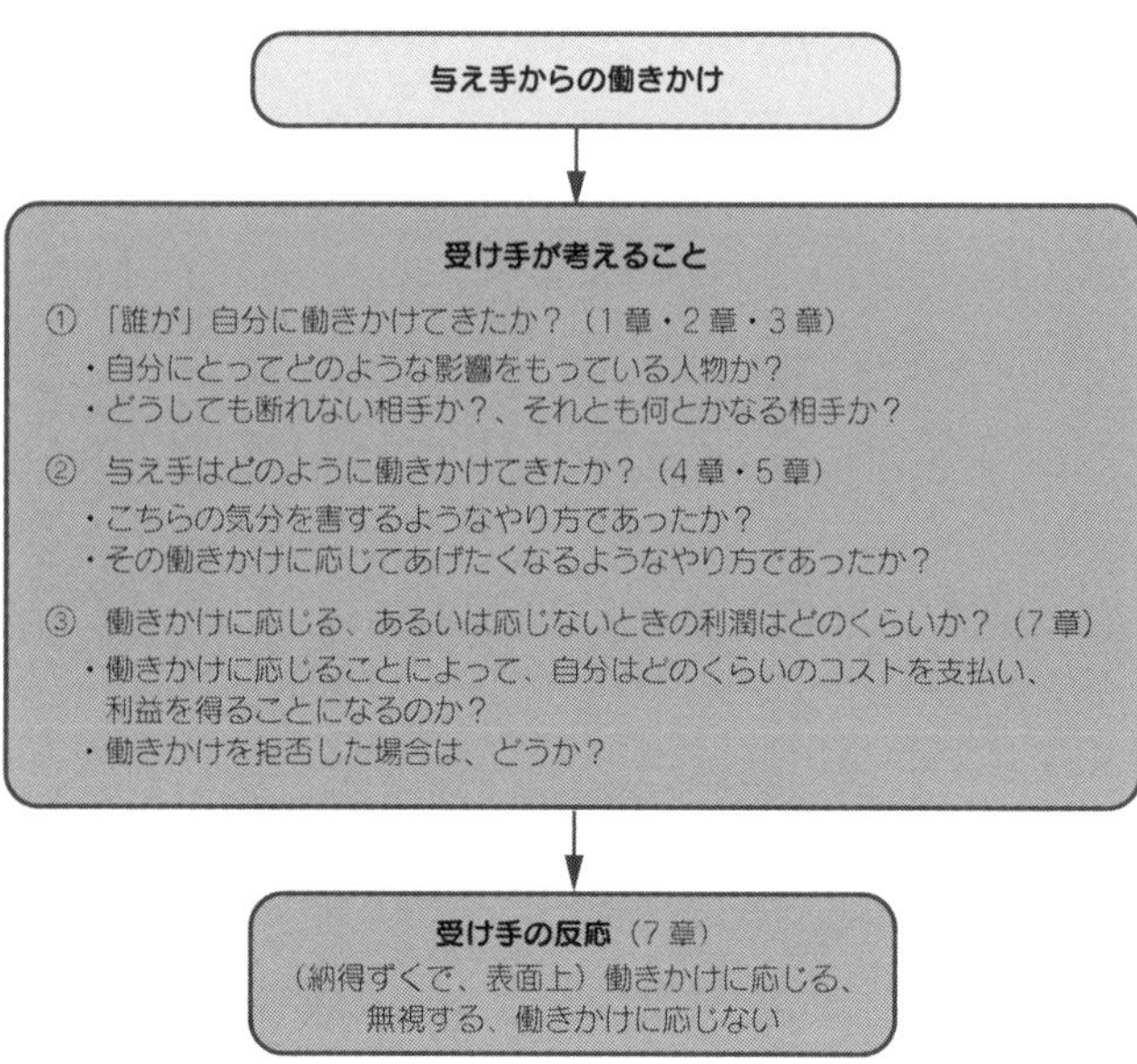

図7-1　与え手から働きかけられた場合に受け手が考えること

（1）与え手が自分に対してもっている影響力　第1章〜第3章（与え手は誰か。与え手は自分に対してどのような影響力をもっているか）。

（2）今回の働きかけで与え手が使った影響手段　第4章、第5章（今回の働きかけ方に不快感を覚えなかったか。その働きかけに応じようという気にさせられたか）。

（3）与え手からの影響に応じることによって得られる利得（報酬－コスト）と応じないことによって得られる利得の差（働きかけに応じることが自分にとって得なことか。自分の価値観や信条に照らして応じることがふさわしいか）

（4）与え手の人数（与え手の人数は多いか）

この中でも、受け手の判断に大きい影響

を与えているのは、すでに見てきた（1）と（2）の要因でしょう。与え手は自分に対してどのような影響力（パワー）をもち、どのように働きかけてきたかという点です。前者には、今までの与え手と受け手の人間関係の期間、その良好性、今後の人間関係の持続程度なども含め、総合的に与え手の影響力（パワー）が判断されると考えられます。

その他にも受け手は、与え手の働きかけに応じることの利得についても考えるでしょう。それが（3）です。損得を考えるというのは、社会的にあまり評価されることではありませんが、報酬を獲得し罰を回避しようとする私たちが避けて通ることのできない要因です。また、与え手の影響力（パワー）や影響手段だけでなく、与え手の人数や働きかけの回数も受け手に影響を及ぼす場合があります。本章では、今までの章で扱わなかったそれらの点について見ていくことにします。

1　報酬と確率を勘案した反応の決め方

与え手の働きかけに対して、受け手が応じるかどうかを判断することは、意思決定（decision-making）の問題と関連します。**意思決定**とは、あることがらについて考えられうる選択肢の中から最善のものを一つ選び出すことです。社会的影響の選択肢としては、「与え手からの依頼や要望を受け入れて応諾する、依頼や要望の一部に応じる、依頼を無視して何の反応もしない、依頼を断る、依頼とは逆のことを行う」などがあります。ここでは、与え手からの働きかけに応諾するかしないかというように、選択肢を二つに限定して考えていくことにします。

意思決定理論の一つである主観的期待効用理論によれば、このような場合、私たちはそれぞれの選択肢がもつ望ましさ（報酬）とそれを獲得できる確率を検討します。[28]両者をかけ算した結果を「**期待効用**」（expected utility）と呼びます。この値は、客観的に測定されたものではなく、あくまで私たちが判断したものなので、「主観的」（subjective）という言葉がその前に付けられています。この理論によれば、私たちは、それぞれの選択肢について期待効用値を計算し、その値の大きい選択肢を私たちが選ぶはずであると予測します。

たとえば、友人に駅まで車に乗せてほしいと頼まれたとしましょう。友人を車に乗せて行く場合、私たちが得る報酬として、たとえば、友人に感謝されること、お礼に何かもらえることが考えられます。主観的期待効用理論にもとづけば、感謝されることが私たちにとってどの程度うれしいか、感謝されることがどのくらいの確率で生じるか、何かもらえる（たとえば、ランチを奢ってもらえる）ことがどの程度うれしいか、それがどの程度の確率で生じるかを判断し、その判断値にもとづいて期待効用値を計算します。同じように、断る場合の報酬（たとえば、遠回りしないのでその分ガソリンを使わなくてすむ、自分の行きたい場所に時間通りに行かれる）とそれが生じる確率を判断し期待効用値を計算します。そして友人を乗せて行く場合と断る場合の期待効用値を比較して、大きい方の選択肢を選ぶというわけです。

しかし、私たちはこのように面倒な計算を頭の中で行っているのでしょうか。私たちはものごとを確率論的に判断することがむずかしいようです。一つは、ある選択肢がどのくらいの確率で生じるかを判断する決め手が多くの場合乏しく、できたとしてもかなり大雑把なとらえ方しかできないことです。二つ目として、たとえ確率が得られたとしても、その確率情報を私たちの判断にうまく組み込むのがむずかしいことを指摘できます。[1][103]

表 7-1　与え手から働きかけられた際の利得と応諾の関係

(例) 友人からキャンプセットを貸してほしいと言われた場合

a. 友人にキャンプセットを貸してあげる場合

報酬：友人から感謝される
　　　将来、自分が逆に何かを貸してもらえるかもしれない。
　　　人の役に立つことをしたという満足感が得られる。
　　　今後、一緒にアウトドアライフを楽しめるかもしれない。
コスト：貸している間、自分はそのキャンプセットを使えない。
　　　汚されたり、壊されたりするかもしれない。

b. 友人にキャンプセットを貸さない場合

報酬：自分でそのキャンプセットを使うことがきる。
　　　汚されたり、壊されたりする心配はない。
コスト：友人からケチな奴だと思われるかもしれない。
　　　人にものを貸してあげない自分が嫌になるかもしれない。

↓

［利得］＝［報酬］－［コスト］

① ［働きかけに応じる場合の利得］＞［働きかけに応じない場合の利得］ならば、受け手がその働きかけに応じる可能性は高い。

② ［働きかけに応じる場合の利得］≦［働きかけに応じない場合の利得］ならば、受け手がその働きかけに応じる可能性は低い。

2　利得を勘案した反応の決め方

そこで、主観的期待効用理論のうち、確率の部分を除いて、私たちの判断過程を理論化することも可能です（表7－1）。

★与え手の働きかけに応じることによって得られる利得

受け手の反応を左右している第一の要因は、その働きかけが受け手にどのくらいのコストを要求しているかということです。たとえば、コピーを10枚つくるように頼まれた、1万円を貸してくれるように頼まれた、買い物に付き合ってくれと言われたなど、いろいろな内容の働きかけがあります。それらの働きかけに応じる場合、受け手は何かしらのコストを払うことになります。今あげた例でいえば、10枚のコピーをつくるためには、コピーするために使う労力と時間がコストになります。相手に1万円を貸すためには、1万円という金額がコストになります。

ただし、コストの大きさを客観的に、一義的に決めることができないことに注意しなければなりません。同じ1万円でも、私たちがそのときにもっている金額によって、私たちが感じるコストの大きさは変わってきます。たとえば、運よく宝くじで10万円当たった直後だったとしましょう。その10万円を使う当てがないならば、1万円を人に貸すことは、私たちにとってそれほどコストの高いことではありません。しかし、冠婚葬祭などの突然の出費があった直後で、金銭的に苦しいときには、1万円を貸すことは、コストの高いことになります。

今、「受け手が働きかけに応じる場合のコスト」を取り上げましたが、その一方で「働きかけに応じる場合の報酬」も存在します。働きかけに応じることによって、受け手が受け取る報酬です。「与え手から感謝される、人のためになることをしたという満足感が得られる、自分が困ったときにはその人に頼むことができるかもしれないという安心感が得られる」などの報酬が考えられます。

この「報酬」から先ほどの「コスト」を引いたものは、「**利得**」(benefit)と呼ばれ、私たちが自分の行動を決める際の一つの判断材料になります。私たちは、多くの場合、利得の大きい行動を選んで行う傾向にあります。

★働きかけに応じないことによって得られる利得

人からの働きかけに応じるかどうかを判断するために、「その働きかけに応じる場合の利得」を考慮するだけで充分でしょうか。その逆の場合、つまり、働きかけに応じない場合の利得も考える必要があるでしょう。

まず、「働きかけに応じない場合の報酬」ですが、前に述べた「働きかけに応じるコスト」の裏返しとして、「自分の時間が制限されない、自分の労力を割く必要がない、自分のお金を使う必要がない」ということをあげることができます。また、相手からの説得に屈しなかった場合には、自分の意見を押し通すことができたというコントロール感が得られます。あるいは、ふだん自分に対して冷たくしている人から頼まれごとをして、それを断ることによって、ふだんの嫌な気分を晴らすことができたという（多少、屈折した）報酬も存在するでしょう。

一方、「働きかけに応じない場合のコスト」としては、「依頼や説得を断ることによる気まずさ、相手と自分の人間関係がこれから悪くなるのではないかという懸念、（相手が援助を求めてきたのであれば）困っている人を助けなかったことによって生じる自己嫌悪感、周囲の人からの非難、将来においてその相手に援助を求めることがむずかしくなる可能性が大きくなること」などがあります。

★全体の利得にもとづいた判断

「働きかけに応じた場合の利得」から「働きかけに応じない場合の利得」を引いて、結果がプラスになれば、私たちはその働きかけに応じる可能性が高くなるであろうと判断できます。逆に、それがマイナスになれば、その働きかけに応じる可能性は低くなると予測されます。

この考え方には、前にも述べましたように限界があります。すなわち、私たちは報酬やコストを気にするけれども、それを正確に計算して行動しているのではないこと、報酬やコストを客観的にとらえることがむずかしいこと、急を要する状況では、報酬やコストを計算している時間のないこと、そして、私たちは当座の利潤だけでなく、長期的な視点（将来的な人間関係）に立った利得を考慮することもあるからです。

また、カーネマンとトゥバースキーの**プロスペクト理論**によれば、私たちはものごとのポジティブな側面よりもネガティブな側面の方を重視する傾向があるということです。たとえば、千円儲(もう)かることよりも、すでにもっている千円を失うことの方が自分にとって重要なことなのです。したがって、依頼や説得における主観的期待効用の判断においても、報酬よりもコストの方を重視する傾向にあると考えられ、応諾することのメリットが充分大きくないと、応諾する傾向は高くならないといえるでしょう(71)。

私たちが与え手からの影響に応じるかどうかは、その働きかけにかかわる損得勘定だけではありません。次節以降では、その他の要因について見ていきたいと思います。

3　与え手の人数による影響

私たちがほかの人から働きかけられた場合、その人数がひとりのときよりも複数のときの方が、私たちの考えを変える可能性は高くなります。たとえば、友人のひとりと今度の夏にどこへ行くかを話し合っているときに、その友人から自分とは違う意見を提案されても、私たちはその友人と比較的対等な立場で自分の意見を主張することができます。しかし、10人ぐらいの集団で合宿の場所を決めているときに、自分以外の人たちから別の候補地がよいと言われると、なかなか自分の意見を主張し続けるのはつらい気持ちになってきます。これは、与え手の人数が多くなると、社会的な圧力が大きくなるからです。こうした現象は、次章で紹介する行動感染にも通じるものです。

与え手の人数が多くなるほど、私たちが影響されやすくなることを実験的に研究したのが、アッシュです。[6] アッシュの実験は同調行動に関する研究として、社会心理学のテキストによく紹介されています。**同調行動**とは、集団内において他のメンバーが提示する意見や考え、期待にそうような形で自分の意見や考えを変化させることです。

私たちがふだん集団の中で話し合うことがらは、多くの場合、正解というものはありません。たとえば、社内旅行の関東圏候補地として伊豆、箱根、日光など、どの観光地も魅力的です。あるいは、新製品のテレビＣＭをどのテレビ局のどの時間帯に流すかを決める場合も多くの選択肢があり、どれが正解かは一概にはいえません。そのため、話し合いの中でいろいろな意見が出て、だんだんと多くのメンバーが支持する意見が明らかになり、それが多数派の意見として会議の流れを支配していきます。

なお、モスコヴィッシらは、少数派が一貫して、自分の意見を主張し続けることによって（ただし、同じことを繰り返すだけではなく、新しい情報を付け加えながら変化をつけて主張する）、それまで当然と思われていた一般常識的な考え（つまり、多数派の考え）をくつがえすことができることを実験的に明らかにしています。[97] モスコヴィッシは、少数派による影響が集団に変革をもたらすきっかけを作り出すと指摘しています。

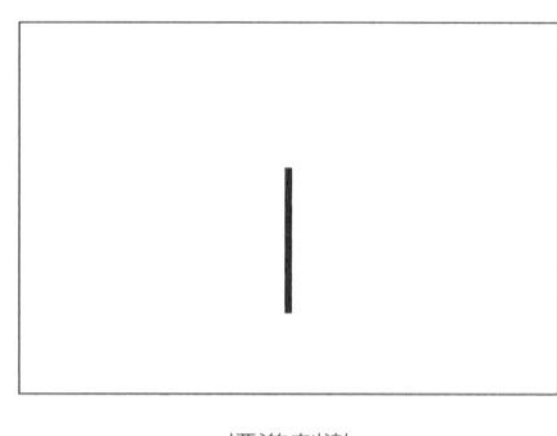

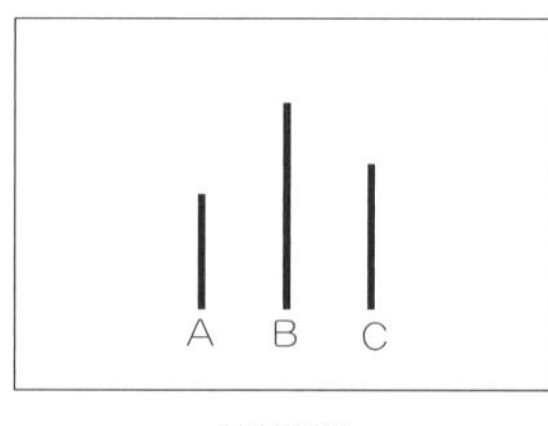

図 7-2　同調行動の実験で用いられた実験材料の例

★同調行動の実験

「正解のない問題の場合には、多数派への同調行動は生じやすいけれども、正解のある簡単な判断課題の場合には、同調行動は生じにくいだろう」とアッシュは予測して、次のような実験を行いました。

被験者は男子大学生です。7～9人ひと組みで実験を行いましたが、そのうちのひとりだけが本当の被験者でした。もちろん、本当の被験者は、実験室に集まった全員が自分と同じ被験者であると信じ込まされていました。実験者は被験者に対して2枚のボードを提示しました（図7-2）。1枚には1本の線分（標準刺激）が描かれており、もう1枚には3本の異なる長さの線分（比較刺激）が描かれていました。被験者に与えられた課題は、標準刺激と同じ長さの線分を比較刺激の中から選び出し、それを口頭で答えることでした。

被験者は座っている順にひとりずつ答えていきました。本当の被験者は、常に最後から2番目に答えることになっていました。被験者に提示するボードは全部で18ペアありましたが、そのうち12ペアにおいて、実験協力者（サクラ）はわざと間違った答えを言うように研究者から指示されていました。つまり、12の問題で本当の被験者に集団圧力を加えたというわけです。

たとえば、図７－２において、標準刺激と同じ長さの比較刺激は「C」ですが、実験協力者が全員、わざと「A」と間違った答えをいったのです。目で見ればすぐに答えのわかる課題ですから、本当の被験者は、自分の頭の中では「C」が答えであると判断できます。しかし、自分より前に答えた人たちがそろって「A」と答えているので、どれが正解であるか判断に迷うという状況におかれてしまったわけです。本当の被験者はどのような答えを出したのでしょうか。アッシュが当初予測したように、こうした簡単な課題では、同調行動は生じなかったでしょうか。

実験の結果は、予測をくつがえすものでした。集団圧力の加えられない統制群（コントロール）では、37人の被験者のうちたったのふたり（５％）が間違った答えを出しただけでしたが、集団圧力を加えられた実験群では50人の被験者のうち37人（74％）が一回以上間違った答えを出していました。

実験群において集団圧力を加えたのは、前述したように12回で、被験者は50人でしたので、全部で12回×50人＝６００回集団圧力を加えたことになります。そのうち実験協力者の間違った答えに影響されたのは１９２回（32・０％）になります。つまり、約３分の１の場合において集団圧力の影響を受けて、自分が正しいと判断した答えではなく、ほかの人たちが主張する間違った答えを採用したのでした。被験者ひとりあたりに換算しますと、12回のうち平均して３・84回間違った回答をしたことになります。

ここで一つ注目しておくことがあります。たしかにこの実験では、線分の長さの判断という非常に簡単な課題において、複数の他者の判断に左右されてしまうことが明らかにされたといえます。しかし、まったく影響を受けなかった被験者も13人（26・０％）いました。ひとりの人に対して複数の人が圧力を加えることが万能の手段でないこともわかります。

★集団圧力をかけた人数による影響

この実験では、被験者に圧力を加えたのは6～8人でしたが、少なくとも何人ぐらいいれば効果的に被験者の判断を変えさせられるのでしょうか。被験者に圧力を加える実験協力者をひとりから16人まで変えて実験を行ったところ、少なくとも3人いれば、今紹介した実験と同じ程度（平均誤り回数3・84回）に誤った判断が生じていました。その後、実験協力者を増やしても誤った判断が生じる比率にほとんど変化は生じませんでした。このアッシュの実験状況においては、被験者に圧力を加える人が3人いれば、それである程度十分だということがわかります。

4　同調行動をもたらすもの――規範的影響と情報的影響

アッシュの実験に参加した被験者は、なぜ自分が判断したものとは異なる選択肢を選んでしまったのでしょうか。被験者の頭の中ではどのような考えが生じていたのでしょうか。その問題を解く一つの手掛かりとして、規範的影響と情報的影響という概念があります[25]。

規範的影響とは、集団内の多数派から集団メンバーとして受け入れてもらいたいという動機にもとづいて、多数派の期待に沿うように、多数派の判断や行動と同じように自分のものを変えることです。多数派の意見は集団内の規範を形成していることになるので、規範的影響と名づけられています。自分が魅力を感じている集団に受け入れてもらえるように、その集団の規範通りに自分の考えや行動を変えようとする場合です。

他方、**情報的影響**は、できるだけ正しい判断を下したいという動機にもとづいて、集団内の他のメンバーの意見や判断を参考にして、彼らから影響を受けることです。この場合には、その集団に受け入れられたいという動機はありません。できるだけ正しい判断を下したいと思っているので、ほかの人たちの考えを参考にして、自分の判断を下すという場合です。

アッシュの実験では、線分の長さという答えがはっきりしている判断が行われたわけですから、他者の考えを参考にして正しい判断を下す必要はありません。つまり、情報的影響は少ないと考えられます。規範的影響の方が多く作用していたと考えられます。

被験者にとって他の実験協力者とは初対面で、しかも同じ実験に参加している単なる集まりにしか過ぎませんでしたが、被験者と同じ大学生であり、実験室に集められた者として一種の同志的な雰囲気があったといえます。実験が終われば再び他人同士に戻るわけですから、自分ひとりだけが他の人と別の回答をしても一向にかまいませんでした。しかし、ほかの人と同じ答えにしておけば、彼らから変な目で見られないだろうという消極的な意味での規範的影響があったと考えられます。規範的影響が生じることによって、集団内が一つにまとまる利点はありますが、アッシュの実験が示しているように、集団全体が誤った判断を下してしまう危険性もあります。

5　社会的アイデンティティ

近年、イギリスの社会心理学者タジフェルとターナーは、社会的アイデンティティ理論にもとづいて別の解釈を提唱しています。[129] 私たちの社会には数多くの集団（カテゴリー）があります。この場合の集団とは、ある特徴的な性質にもとづいて、ほかと区別されるような人びとの集まりのことです。たとえば、女性である、平成生まれである、大学で建築学を専攻したなどの集団（カテゴリー）が考えられます。

タジフェルらによれば、私たち自身がどの集団（カテゴリー）に所属していると認知しているかによって、自分の社会的アイデンティティが確立され、その結果、その集団の規範に沿うような形で同調が生じるということです。自分は男性である、〇〇会社の社員である、〇〇部〇〇課の一員であるなどというような認知にもとづいて、自分とはどのような人物であるかが把握されるということです。

自分の所属している集団が自分なりに把握されると、自分という人間がもつ社会的な意味を理解することができ、それをさらに明らかにするために、自分の所属する集団の規範に同調するようになるということです。したがって、その集団のメンバーが私たちの自分の行動を逐一監視していなくても、私たちはその集団規範に同調するようになるのです。生物学的には男性であっても、自分は女性であると認知していれば、女性という集団（カテゴリー）に適合するように考え、話し、振る舞い、装い、喜怒哀楽を感じるようになるのです。

タジフェルらの考え方をアッシュの実験に参加した被験者に当てはめれば、次のようになるでしょう。被験者が、自分はほかの人たち（実験協力者）とは異なる、「世間一般」の人間であると認識していれば、その人たちに同調することは少なくなると考えられます。逆に、同じ実験に参加している被験者同士であると認識していれば、その被験者集団に共有されている線分判断に同調するようになると考えられます。この場合、被験者が、どちらの集団（カテゴリー）に所属していると判断するかについては、被験者の判断に任されています。そのために、同調率が32％という数字になったのだと解釈できます。50人の被験者のうち約3分の1の被験者は、12の刺激のうち半数以上において実験協力者と同じ方向へ誤った回答をしていました。この結果から、約3分の1の被験者は、被験者集団の一員であるという認識をもっていたと推測できます。

第二節　受け手の反応パターン

1　影響の三過程モデル

次に、受け手の反応パターンに目を向けてみることにしましょう。ケルマンは、受け手が与え手からの影響にどのくらい「深く」影響されるかに注目しました。(68)(69) 言い換えると、受け手がどのくらい自分の態度や信念、価値観に沿った反応をしているかということです。

たとえば、「面従腹背」という言葉があります。これは、表面的には与え手から言われたとおりに行動しているけれども、心（腹）の中では自分の考えを変えていないことを意味しています。与え手からの影響は表面的な部分までにとどまり、受け手の態度や信念を変えるまでには至っていないということです。まだ「浅い」レベルの影響だといえます。ケルマンはこうした視点から受け手の反応を三つのレ

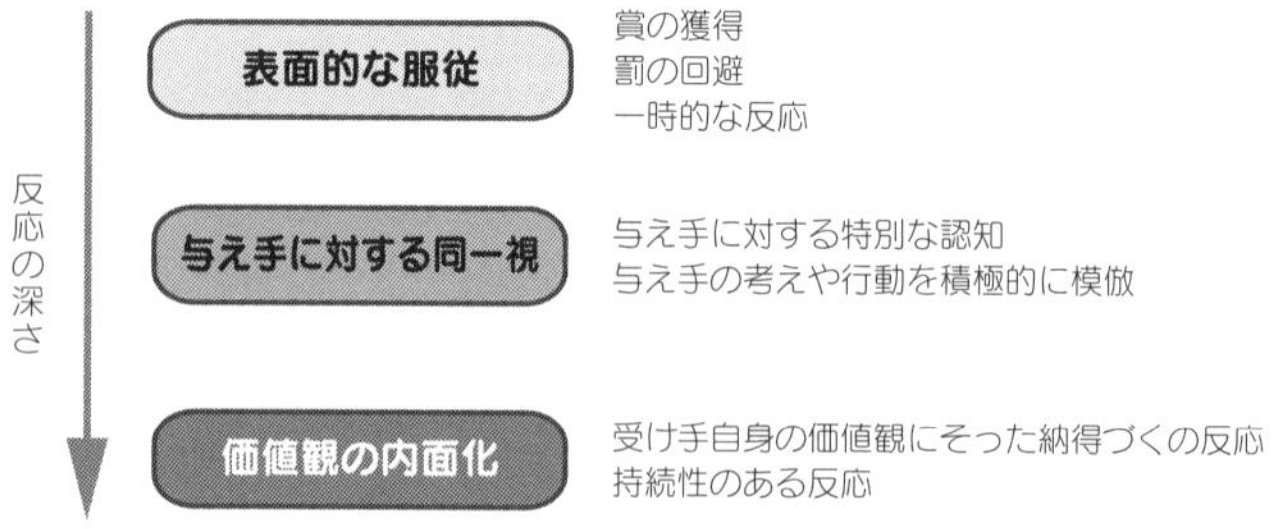

表面的な服従　賞の獲得／罰の回避／一時的な反応

与え手に対する同一視　与え手に対する特別な認知／与え手の考えや行動を積極的に模倣

価値観の内面化　受け手自身の価値観にそった納得づくの反応／持続性のある反応

反応の深さ

図 7-3　受け手の反応パターン［ケルマン(1961)にもとづいて作成］

ベルに分類しています（図７－３）。

（１）**表面的な服従**（compliance）　これは、今述べた面従腹背と同じ反応パターンを指しています。表面的には与え手の言うとおりに行動するというのは、ケルマンによれば、報酬や罰によって与え手から影響を受けた場合です。受け手の側から見れば、報酬をもらい、罰を避けるために与え手の言うとおりに行動したまでに過ぎません。

ふだん道路を車で運転していて、ときどき制限速度を少し超過して走っている車があります。道路には制限速度の標識が立っていて、制限速度内で走るようにという働きかけが運転手になされていますが、運転手のなかには10～20キロぐらい超過して走っている人がいます。でもパトカーや白バイが走っているのを確認すると、どの車も制限速度まで速度を落とします。これは、警官が速度違反の切符を切ることができるという罰パワーをもっているからです（その前に、警官は、速度違反の取り締まりできる正当パワーをもっている）。罰金を支払うのはいやなことですから、警官の姿を認めると交通法規が遵守されやすくなるというわけです。

（２）**与え手に対する同一視**（identification）　第二は、与え手との満足な人間関係を確立したり、維持したりするために、与え手からの影響を受け入れる場合です。そして、受け手が自ら進んで意識的に与え手の考え方や行動を模倣したり、与え手が期待するような役割を果たそうとする場合です。第3章で紹介した参照パワーに関連する概念です。

表面的服従の場合は、報酬や罰が与えられる場合だけ、もう少しいえば、与え手の監視の目が光っている場合だけは、与え手に言われたとおりに行動します。同一視の場合は、受け手が自ら与え手と同じ行動をとって、与え手の期待に応えようとするので、別に与え手が受け手を監視していなくても、与え手の望むような考え方や態度を取るようになります。ただし、そのように行動するのは、受け手と与え手との人間関係にもとづいているからであり、必ずしも受け手の態度や価値観と合致しているからではありません。その点が次に述べる内面化とは異なります。

（3）**価値観の内面化**（internalization）　第三は、受け手自身の態度や価値観に合致するがゆえに、与え手からの働きかけに応じる場合です。十分納得した上で、与え手から言われたとおりに考えを変えたり、行動したりする場合です。影響を受ける前までにもっていた態度や価値観は、受け手が納得した上で修正されます。そのため、影響を受けたことの持続性が高く、与え手が受け手を監視しなくても新しい考え方や行動をとり続けます。いちばん「深い」レベルでの影響を受けた場合です。

2　自由の制限と心理的リアクタンス

ケルマンは、受け手が与え手からの影響に応諾する場合に焦点を当てましたが、影響に対する反応は応諾だけではありません。それを拒否したり、それに反発したりすることもあります。むしろ、通常は反発する方が多いかもしれません。今度は、与え手にとっては望ましくない、受け手のネガティブな反応を見てみることにしましょう。

子どもは親から「いい加減にテレビゲームをやめて勉強しなさい」と言われると、「そろそろ勉強しようかなと思っていたところにそう言われるとやる気なくしちゃうよ」と言いながら一向にテレビゲームをやめようとせず、親をカリカリさせることがあります。たばこを吸っている人に禁煙するように注意を与えても、すぐにやめる人は多くないでしょう。なぜ、これらの人たちが与え手から言われたとおりに行動しないのかを考えると、その理由の一つに自分たちの行動の自由を他者から制限されたくない気持ちがあるからだと考えられます。

第6章で私たちにはものごとをコントロールできるという感覚をもつことが重要であることを指摘しました。ものごとをコントロールできるということは、私たち自身に「行動の自由」のあることが前提となっています。他者からあることをするように言われる、あるいは、ある考えを支持するように言われることは、そうした行動の自由を制限されることにほかなりません。ものごとをコントロールできることが重要な私たちにとって、自分の行動の自由を制限されることは、心理的にいやなことなのです。そのため、与えられた影響に対して反発をおぼえることがあります。こうした状況は昔話にも描かれています。有名な「鶴の恩返し」でも、つうから「決して部屋の中を覗(のぞ)かないでください」と言われたおじいさんが、どうしても覗いてみたいという欲求に勝てずに覗いてしまう場面があります。覗いてはいけないという行動の自由の制限に対して、覗くことによっておじいさんは自由を回復したことになります（そのために失ったものも大きかったわけですが……）。

私たちの行動の自由を制限することは、商品を売る場合にも効果的に使われています。[18] スーパーに行くと、タイム・サービスと称して「これから10分間だけ、いつもは１２００円のものが９８０円だよ」と店員が買い物客に声を枯らして呼びかけていることがあります。あるいは、１９８７年に生産台数を１万台に限定した日産自動車の「Be－1」という丸いデザインの小型車は、約２ヶ月で売り切れたそうです。時間的、数量的に販売を限定することは、消費者の自由をある程度制限することになります。消費者は「時間内に買わなければ、買うことができなくなってしまう（値段が高くなってしまう）」とか「早く買わなければ（他の人が先に買ってしまって）商品がなくなってしまう」と考えます。つまり、もたもたしていたのでは、その商品を買う自由が奪われてしまうわけです。その自由を回復する簡単な方法は、自分がその場で商品を買うことです。販売を限定されることによって、私たちはこうした希少性のプロセスを通して、思わず商品を買ってしまうのです。

さて、こうした自由の制限に対して私たちが反発しやすい傾向に注目したのが、ブレームらです。[11] 彼らは心理的リアクタンス理論を提唱し、それは、受け手が与え手から説得されたときに、自分の考えを変えずに抵抗する現象を説明しています（図７－４）。その理論によれば、受け手が自由に自分の考えをもつことができると感じているときに、与え手から特定の考えをもつように言われると、それ以外の考えをもつことの自由が脅かされたように感じ、心理的リアクタンス（psychological reactance）が生じてきます。**心理的リアクタンス**とは、（制限されてしまっている）自分の自由を取り戻そうと動機づけられていることです。

制限された自由を回復するためには、与え手の言うことと違うことを行えば、自分には行動の自由が

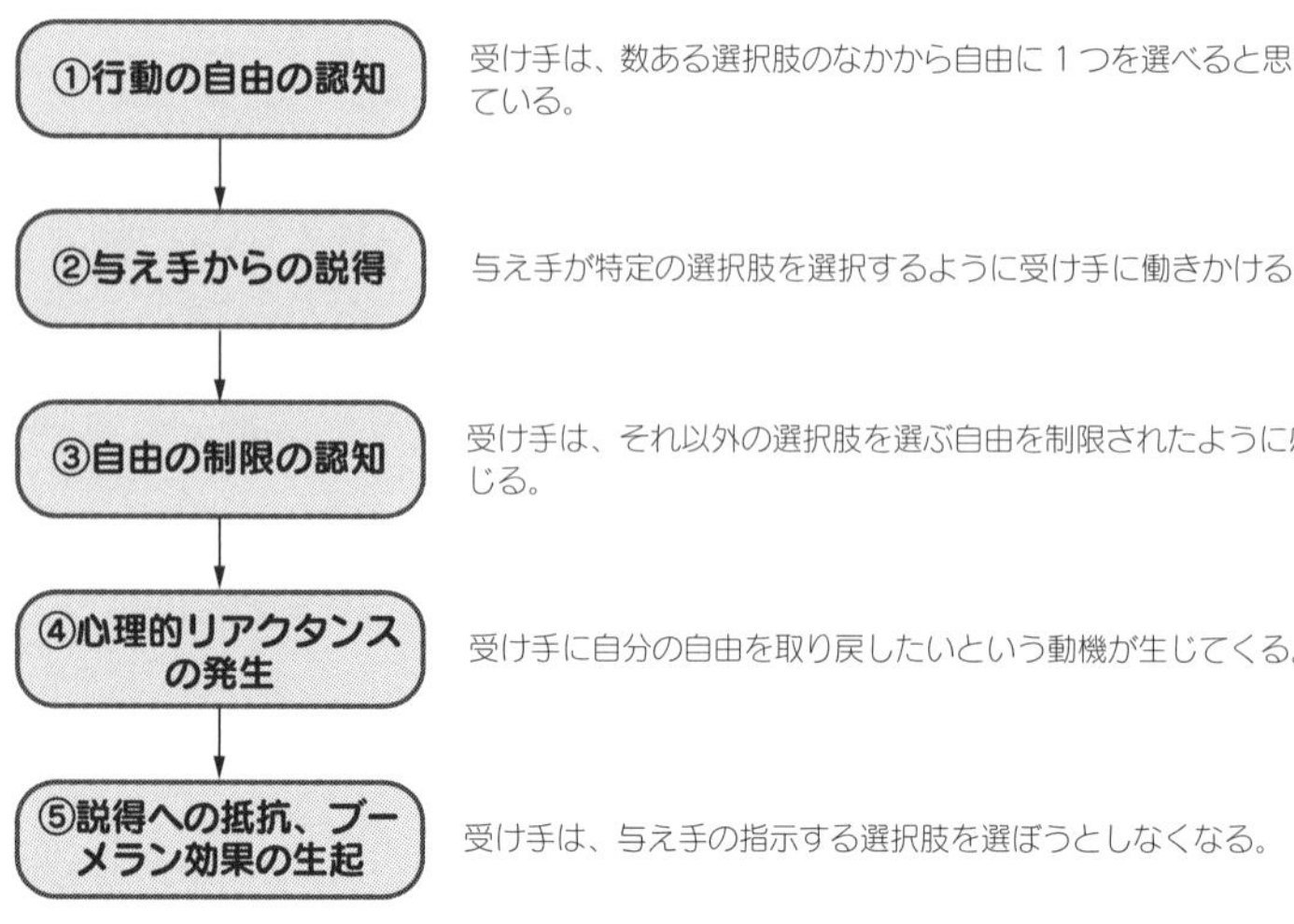

図 7-4　リアクタンス理論の概要［ブレーム＆ブレーム（1981）にもとづいて作成］

あることを自分で確認できます。したがって、心理的リアクタンスが生じると、説得されたとおりに自分の考えを変えようとしなかったり、逆に、説得とは逆の方向に自分の考えを変えたりすること（ブーメラン効果）が生じてくるのです。

3　心理的リアクタンスを引き起こすもの

心理的リアクタンス理論に関する研究では、説得の場面において、どのような要因が心理的リアクタンスを引き起こすのかを明らかにしています。ブレームらは、受け手がすでに支持している立場を支持するように（念を押す形で）説得するのか、それとも逆の立場を支持するように説得するのかによって、心理的リアクタンスの生じ方に違いのあることを見出しています。いくつかの研究結果によれば、前者の方が心理的リアクタンスが生じやすく、説得されることによって、受け手が今まで支持してきた立場とは逆の立場を支持する方向に変化してしまうということです。その理由としては、受け手がすでにもっていた立場を支持するように言われた場合、それと逆の立場を支持する自由が脅かされることになり、その自由を回復する一つの方法は、今までとは逆の立場を支持することになるからです。一方、今までとは逆の立場を支持するように言われる場合は、自分の今までの立場を放棄することになりますが、その選択肢はすでに自分が選んでしまっているので、それほど心理的リアクタンスは生じないことになります。

第二に、働きかけの内容が受け手にとって重要なほど、心理的リアクタンスの生じやすいことが指摘されています。私たちにとって自分の職業を決めることは、その後の人生を大きく変えることであり、また、社会的アイデンティティの形成に影響を与えることでもあるので、人生における重要な決定事項の一つです。そのためにいろいろな情報を集めて慎重に決めます。たとえば、親から家業を継ぐよう頭ごなしに言われると、ほかに魅力を感じていた職業を選ぶ自由を奪われたように感じ、心理的リアクタンスが生じて、親の考えに抵抗するようになります。

しかし、受け手の考えがまだ決まっていないことや受け手の立場が中立的なことについて受け手に働きかける場合は、心理的リアクタンスの生じにくいことが明らかにされています。この意味では、受け手にある一つの立場を支持させようと思ったら、受け手が自分の考えをまとめないうちに働きかければ、心理的リアクタンスが生じにくい分、与え手の望むように受け手を変えられるといえます。右の例でいえば、親は、子どもがまだ自分の考えを固めていないときに、子どもが家業を継いでくれれば嬉しいという親の気持ち（このように自分の気持ちを伝えることを**Ｉ**（アイ）**メッセージ**と言う）を複数回にわたって子どもに伝えていくと望ましい結果を生むことになるのでしょう。

心理的リアクタンスが生じても、受け手に自由を回復させる手続きを取ると、心理的リアクタンスが減少し、説得の効果が認められるようになります。たとえば、上野徳美らは、「人間形成のためには文学作品を大いに読むべきである」という説得文を被験者に提示したあと、自分の考えや感想を自由に書く機会を与えた場合には、そうした機会を与えられない場合よりも、説得への抵抗が小さくなることを見出しています。[134] 逆に、説得文を繰り返し被験者に提示し、自分の意見を表明する機会を与えなかった場合には、ブーメラン効果が認められ、被験者が説得文とは逆方向に考えを変えていたことが認められました。

同じような考え方から**バット・ユー・アー・フリー法**（But you are free technique）というものもあります。日本語に直訳すれば「でもあなたの自由です法」となりますが、自由強調法といえるものです。自分の人生がかかっている進路を決めるとか、多額の金銭が関係する売買では当てはまりにくいでしょうが、少額の寄付やちょっとしたアンケートへの回答をお願いするという場合には効果的であることがフランスの社会心理学者ゲゲンらによって明らかにされています。[39][40] 彼らはフランス国内で13もの**現場実験**（ふだんの生活場面を利用した実験）を行っています。依頼内容は、バスの小銭がないので恵んで欲しいとか、慈善団体への寄付金募集のためにパンケーキを買って欲しいとか、地元新聞社のアンケートに協力して欲しいとかいうものでした。彼らは、依頼事項の前や後に「でも応じるのも断るのもあなたの自由です」「これは強制ではありません」「そうするのが義務だとは思わないでください」という言葉を付け足して、受け手の反応を待ちました。いずれの実験の場合でも、自由であることを強調した方が、統制条件（コントロール）よりも応諾率の高いことが認められました。また、依頼の前後の双方で自由であることを強調した方が効果的であることも見出されました。

バット・ユー・アー・フリー法に関するメタ分析では、その効果が確認され、この方法を用いた場合は、用いなかった場合よりも受け手からの応諾を約2倍得られるということです。特に、依頼して「でもあなたの自由ですよ」と言った後に、すぐに依頼事項を受け手に実行してもらうことが重要なようです。[17] また、この方法が効果的なのは、①与え手から依頼されて受け手の自由が制限されたと感じたところに、「自由である」と言われて心理的リアクタンスが低減するように感じられること、②与え手が受け手に対して丁寧な接し方をしていると受け取られることなどをあげることができますが、さらなる検討が必要なようです。

心理的リアクタンスの別の具体例として、検閲をあげることもできます。検閲によって制限された情報が私たちにとって重要な意味をもつ場合は、心理的リアクタンスが生じ、かえってその情報を手に入れようという動機づけが高くなります。検閲する側から見れば、検閲を行うことによって、ある種の情報を受け手に接触させないようにすることができる一方で、その情報を手に入れようとする受け手の動機づけを高めてしまうという逆説的な現象が生じるようになってしまうのです。

第三節　受け手の非意識的な情報処理

近年、認知科学や脳科学の研究が盛んに行われています。人がどのようにものごとを認識し、記憶しているか、その基礎的な側面を脳科学的に研究するということです。たとえば、カーネマンの**二重過程理論**は有名です。私たちの情報処理には2種類のルートがあるという指摘です。彼は、それを「システム1」、「システム2」と呼び分けています。[70] 通常、私たちが認識できる情報処理は「システム2」です。その前段階で私たちが認識できない、非意識レベルにおける情報処理が「システム1」です。より基礎的なシステムなので「1」が付けられています。

本章では、与え手から働きかけられた受け手の心理的反応を見てきましたが、それらについては私たちが認識できる範囲の反応なので「システム2」に含まれます。「友人の○○君がお願いしてきたのだから応じてあげよう」とか「そのように言われると反発を感じる」というように認識できます。

しかし、その「システム2」の前に、受け手自身が気づかないレベルでも多くの情報処理が行われているということです。私たちが努力せずに、非意識的、自動的、直感的に情報を処理するシステムです。そうなると、受け手に働きかける場合、技巧的な影響手段や効果的な説得メッセージを作成して、受け手の「システム2」に働きかけるだけでなく、その前段階から「システム1」にも働きかけて、効果的に応諾を引き出すことが考えられます。たとえば、私たちは、パソコンやテレビの画面などで、大きい目立つ色の文字、動いている図形などについ目が行ってしまい、大きな音には注意が向いてしまうのです。すでにそうした点が利用されてテレビCMやネット上のサイトが作られています。[15]

そのことに関連して、カーネマンは「**認知的容易性**」という概念を提唱し、受け手が認識しやすいように情報を提示することを指摘しています。彼によれば、①情報が見やすく提示されていること（たとえば、充分に大きい、鮮明な文字や図形）、②情報を繰り返し提示すること、③これから提示する情報に関連する情報（プライム刺激）が事前に提示されていることなどが、その情報を認識させやすくするということです。また、チャルディーニは説得場面において、受け手に説得する以前から「システム１」の情報処理を促すように周到な準備を行っておく必要性を説き、**「説得準備」**（pre-suasion）という概念を作っています。(19)

第四節　不当な働きかけの餌食にならないために

受け手として気がかりなことは、与え手から不当な影響を受け、受け手自信が不利になるような目に遭わないことでしょう。日常的な、家族や友人、知り合いの間であれば、そうした点を心配することは比較的少ないでしょうが、見知らぬ人からの不当な働きかけ（**詐欺**(さぎ)）が増えています。高齢者に対する振り込め詐欺であったり、通販サイト利用の不当請求であったりします。

互いに見知らぬ同士の間でどのように受け手に働きかけるか（欺(だま)すか）という場合にも、影響力(パワー)が関係しています。(55) まず、報酬と罰の場合はどうでしょうか。多くの場合、与え手自身が受け手に対する報酬をもちあわせていないので、第三者から報酬が得られることを指摘します。税金の還付金詐欺では、国税庁が納めすぎた税金を還付してくれる（報酬）ことを強調します。また、罰の場合も、自分で罰を用意するよりも、公的な機関から罰を受けると脅します。葉書や封書を用いた架空請求では、スマホで利用したサイトの使用料が支払われていないので、即刻支払うように伝え、それが期限内に支払わなければ裁判を起こし法的な手続きを取る（裁判所という公的機関に罰してもらう）、あるいは、その葉書や手紙が裁判所と関連しているように見える機関からの通達であると脅すわけです。この場合は、「裁判になったらどうしよう」という受け手の不安や恐怖心をあおることにもなります。

これらの例を見てもわかるように、欺す側は、何とか受け手がこの詐欺に引っかかってほしいと考えているので、一つの要因だけを使って働きかけるのではなく、**報酬パワー**（還付金）**＋正当パワー**（国税庁）、**罰パワー**（罰金）**＋正当パワー**（裁判所）**＋恐怖心の喚起**というように、複数の要因を組み合わせて働きかけてきます。その分、受け手の方はつい信じてしまいがちになります。特に恐怖心をあおられると、私たちの思考は止まり、与え手の用意したストーリーから離れにくくなります。

最近の振り込め詐欺は劇場型になっており、にせの息子、銀行員、警察官など（この場合も正当パワーが背景にある）、複数の与え手がタイミングよく、餌食（えじき）となる高齢者に電話をかけてきます。そして、電話を受けた高齢者は心理的にだんだん身動きが取れないような状況に追い込まれ、詐欺師（さぎし）が考え出したストーリーにはまってしまうことになります。

専門パワーの例としては、除霊という宗教的な場面をあげることができます。通常、多くの人は霊に関する知識を持ち合わせていません。そもそも霊が存在するのかどうかもわかりません。そうした霊に関する知識が乏しい状況を悪用して、仕事がうまくいかないこと、家族に長患いの病人がいることなどの原因は霊の仕業であり、除霊が必要だと指摘する、自称宗教家がいます。受け手としては、その宗教家がどの程度専門的知識や霊に関する能力があるかわからないのですが、自分や家族しか知らないことを言い当てられたりすると、すごい能力の持ち主だとその専門パワーを認めてしまいがちです（現代では、SNS情報や盗聴から受け手〈ターゲット〉の情報を予め得ておくことは容易である。チームを組んで、別の人に受け手の情報を集めさせ、スマホを通して伝達することも可能である）。そうなると「この人はすごい先生なんだ」と思い始め、与え手が仕組んだストーリーに乗ってしまい、与え手から言われるがままに、除霊のために必要だとされる全財産を提供する羽目に陥ってしまいます。

結婚詐欺の場合は、魅力パワーの活用です。婚活している異性に近づき、受け手（ターゲット）が気を許してきた（与え手に好意を寄せ始めてきた）頃に、「突然、親が病気になった」とか、「会社でへまをやらかして、多額の損失を作ってしまった」と言って、受け手にお金を無心するのです。受け手の方は、相手からもっと好きになってほしいと考え、相手が喜ぶようにお金を提供しようという気になります。振り込め詐欺の場合にも似た側面があり、大事な息子が困っているならば何とか助けてあげたいという親心が根底にあります。

こうした詐欺師に狙われてしまうと、その毒牙から抜け出すことはなかなかむずかしいことを肝に銘じておくべきでしょう。与え手は少しずつ、少しずつ受け手を与え手の領域に引きずり込み、受け手が気づいたときには、与え手が提供しているストーリーの中でしかものごとを考えられなくしてしまうのです。受け手の方は、振り込め詐欺の場合では、大変なことをしでかした息子を何とか助けたい、除霊の場合では、家族のために何とか自分がしなければならない、結婚詐欺の場合であれば、何とか相手の気を引きたい、というようにしか考えられなくなるのです。

与え手が提示するストーリーから逃れる一つの方法は、その場からいったん離れることでしょう。「自分がその影響を受けていそうだ、変だな」と思ったら、深呼吸して、視線を与え手から逸らして自分の注意を何か他のものに向け、できればその場から離れ（逃走し）、家族や友人に相談し、**国民生活センターの相談窓口の電話番号「188（イヤヤ）」**に相談してみることです。少しずつコミットして（関わりをもって）いるので、なかなか与え手の用意したストーリーから逃れにくいのですが、その場の流れを変えるように機転を働かす努力、勇気をもつことが必要です。また、受け手の防衛法として、こうしたたくさんの詐欺の方法があることを事前に知っておくこと、敵を知ることです。

こうした詐欺や悪徳商法における対人的影響のプロセス（過程）を図示したものが図7－5です。与え手のもつ影響力と使われる影響手段、そして、受け手の特徴が合わさって、受け手の反応が生じ、それに対する防衛策を示しています。与え手のもつ影響力として、基本は報酬パワーと専門パワー、魅力パワーをあげることができます。そして、受け手には与え手が望むことに少しずつ関わらせて（たとえば、少しずつお金を出資させるとか、ローンを組ませたりする）、他の人も同じように参加していることを指摘するとか（社会的証明）、今しか契約はできないと焦らせるとか（希少性）などの影響手段が使われます。それに受け手自身が大事にしているもの（たとえば、家族や健康）、受け手のパーソナリティー（たとえば、優柔不断、人からのお願いを断ることができない）が利用されて与え手から働きかけられます。そうした諸要因の影響を受けて、受け手は自分の判断を下すことになります。その際、不当な影響を受けないようにするには、与え手が使う影響手段について予め知識を得ておいたり、与え手が働きかけのために作っている枠組み（ストーリー）を推測したり、与え手の働きかけから距離を置いたりする（たとえば、人に相談したり、時間をおいてから判断したりする）などの防衛策が考えられます。詳しくは、「消費生活に役立つ社会心理学」『ウェブ版国民生活』No.61－66をご覧ください。

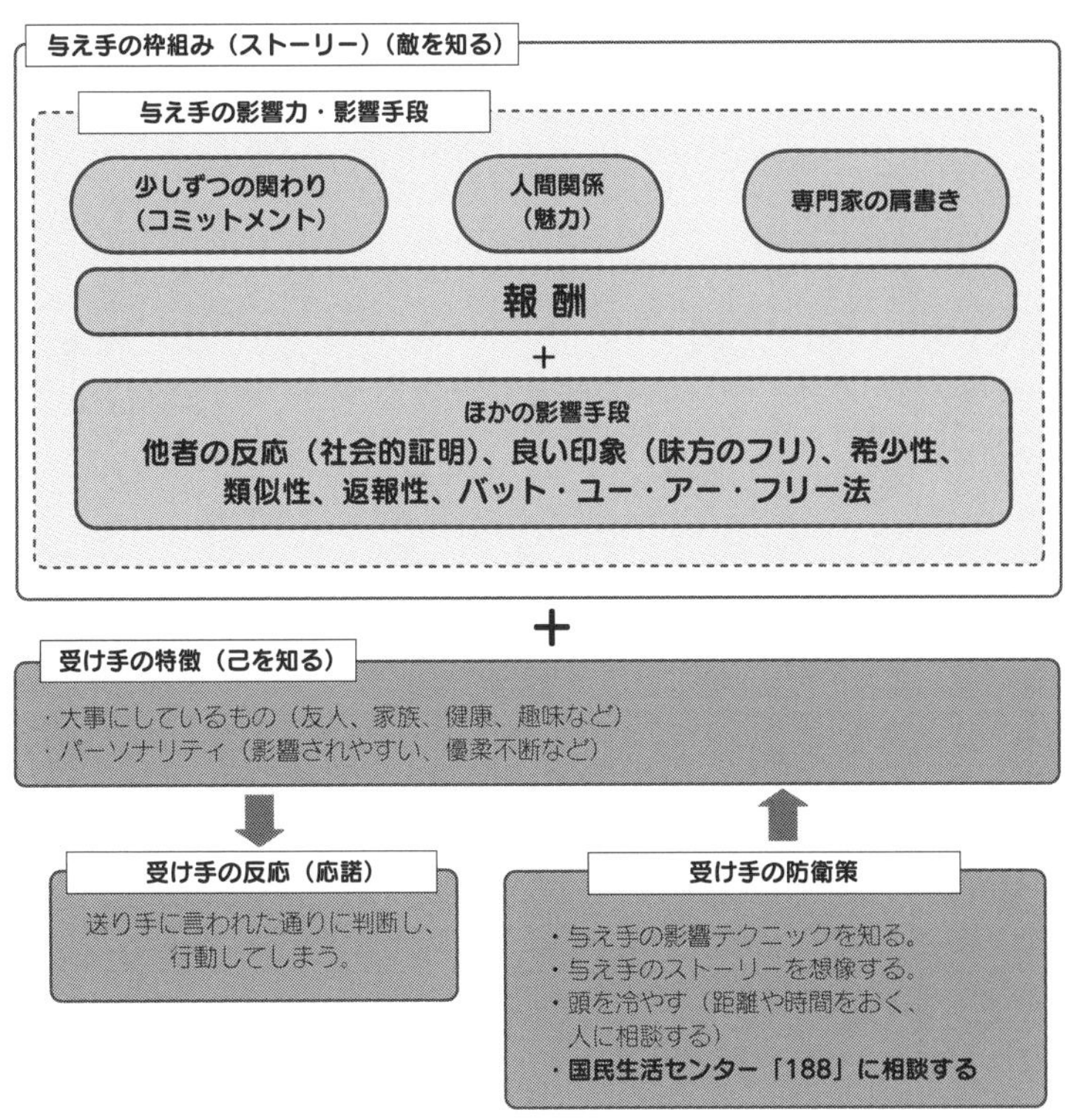

図 7-5　詐欺からの防衛法［今井（2019）『ウェブ版国民生活』№ 66 p. 20 図を改変して作成］

第7章、第8章では、それぞれ与え手、受け手にかかわる心理学的要因に目を向け、対人的影響にかかわる知識を深めてきました。対人的影響には、まだそれに含めることのできる別の形態があります。最後に、対人的影響の全体像をとらえることを通して、影響力（パワー）について考えていきたいと思います。

トピック3●組織におけるパワー

①組織内の影響の流れと影響手段

組織とは、企業や官庁に代表されるような、階層化された役割を担っている個人から構成されている社会的なシステムです。組織は階層構造になっていますので、三方向の影響の流れが考えられます。①同僚に対する水平方向の影響、②部下に対する下方向の影響、そして、③上司に対する上方向の影響です。

淵上克義は、上方向の影響に焦点を当てて、看護師が看護師長に対してどのような影響手段を使うかを質問紙調査で明らかにしています。[35] 患者の治療処置を巡って師長と意見が合わなかったときに、師長に自分の考えを受け入れてもらうようどのように働きかけるかを看護師に回答してもらいました。

その結果、「理由づけをして主張する・熱意を込めて主張する・同僚からの支援を得る」「単に主張する・ゴマをするなどして師長を良い気分にさせる」「さらに上位の師長から支援してもらう」「次回には自分の方が従うと交換条件を提示する・病院を辞めると師長を脅す」という順でそれぞれの影響手段を用いることが見出されました。また、ほぼこの順序で、看護師と師長との人間関係が影響後に損なわれず、師長も自分の意見を変えるようになると看護師は回答していました。つまり、看護師はそれぞれの影響手段の効果性（いかに師長の意見を変えることができるか）と社会的望ましさ（いかに師長との関係が気まずくならないか）を考慮して影響手段を選んでいることが推測できます。

また、組織内の社会的影響の特徴として、組織に特有な影響手段をあげることができます。影響手段の種類を表４-１（67頁）に示しましたが、組織では各メンバーの地位の差が明確になっていますので、それに関連した影響手段が使われます。つまり、リーダー（高地位者）は地位に付随した報酬と罰を有効的に使おうとします。また、他のメンバーに影響を与える際に、同僚や上司からの支援を得たり、連合を形成したりすることがあります。

②コンフリクトの解決と影響手段

組織内で、他者に影響を与えなければならない状況というのは、看護師と師長の例に見られるように、何かしらのコンフリクト（葛藤・紛争）が生じたときです。コンフリクトは、次のような場合に生じやすいことが指摘されています。[112]

（１）当事者同士が相手の存在なしには、自らの存在を維持できない（相互依存性）。
（２）互いに異なる目標をもっている。
（３）あることを遂行するための方法論について当事者同士が異なる見解をもっている。
（４）双方が必要とする資源（資金、労力、材料など）が不足している。

それでは、コンフリクトを解決するには、どのような手段があるのでしょうか。レイヒムはそれを五つに分類しています。[113]

〔1〕**統合**（相手との情報の交換を通して、協力し合いながらコンフリクトを解決する。単に妥協し合うというのではなく、新しい視点からコンフリクトを解決するなどして、両者が建設的にコンフリクトを解決していく。双方にとって望ましい結果をもたらすことのできるWin-Win の解決）。

〔2〕**逃避**（コンフリクトについて相手と話し合うことを避ける。したがってコンフリクトを解決するというよりは、コンフリクトを放置したり、その解決を延期したりする）。

〔3〕**支配**（自分の望むようにコンフリクトが解決されるように、自分の影響力（パワー）を発揮して、相手に譲歩させる）。

〔4〕**受容**（支配とは逆に、自分の主張を取り下げ、相手の言いなりになる）。

〔5〕**妥協**（支配と受容の中間的な解決法で、両者が納得のいく妥協案を見つけられるよう相互に話し合う）。

前節で述べた影響の流れとの関連でコンフリクトの解決方法を見ますと、次のようにまとめることができます。自分よりも影響力（パワー）のある相手とコンフリクト状態になってしまったときには、自分が折れることによってコンフリクトを解決しようとする傾向が認められます。そして、影響力（パワー）が自分と同等かそれ以下の相手とコンフリクト状態になったときには、自分の考えを解決に盛り込めるような、妥協的、統合的解決法が用いられるようです。

しかし、相手との一度の話し合いでコンフリクトを解決できるとは限りません。両者の利害が激しく対立すると、話し合いが平行線をたどり、なかなかコンフリクトが解決されなくなります。上司が部下とのコンフリクトを解決する状況において、どのような順序で一連の解決法を使うのでしょうか。ある研究結果によりますと、最初の話し合いでは、統合的、妥協的、回避的解決法が多く使われますが、部下が抵抗し続けると、怒りを示したり、罰を与えることを警告したりするようになります（支配的解決法）(24)。

③組織内の部署間の影響力（パワー）関係

組織内の影響行動には個人対個人の影響関係のほかに、組織内の部署と部署との間で行われる影響も存在しています。本書では、主として、個人対個人の対人的影響に焦点を当てていますが、実際には、集団対集団という社会的影響も存在しています。

プェッファーは、ある部署が組織内で影響力（パワー）をもてるようになるには、組織内で必要とされる「資源」（資金、人材、情報、原材料、流通ルートなど）を保持し、それをコントロールできることが必要であると指摘しています(112)。自由に裁量できる資源が多いほど、部署の方針を変更することが可能となり、部署の拡大を図ることも容易になってきます。

資源にはいろいろなものが考えられますが、「資金」は重要な資源の一つです。それは、たやすくほかの資源に変換することができ、また、その存在を隠すことができます。その研究者によれば、「金（gold）をもつ者が規則を作る。ただし、この原則を知っている者は、より少ない金（gold）で規則を作ることができる」ということだそうです。組織内で必要とされる資金を多量に保持することは努力を要することですが、組織内の資金の10％をコントロールできるようになれば、他の部署に対して影響力(パワー)をもてるようになるということです。

ほかの研究者は、別の観点から組織内で（個人や部署が）影響力(パワー)をもてるようになるための条件を指摘し、次のように公式化しています。(45)

「影響力(パワー)」＝「不確かさに対処できる能力」×「その能力の非代替性」×「組織内における中心性」

組織の中では、明確にされているものもありますがそうでないものもあります。ある部署が目標に掲げていること、ある部署のもっている資源量、仕事の評価基準、人事問題など不透明な部分も少なくありません。そうした不確かな点に対して必要な情報を収集して明らかにし、対処できる能力が影響力(パワー)の一部を構成しています。しかもそうした能力を発揮できるのが自分たちだけである、つまり、ほかの部署では代替できないとなると、ますます影響力(パワー)が高まります。たとえば、専門家がもっている知識や技能を一般の人がすぐには獲得できないために、専門家の価値が高まり、一般の人よりも影響力(パワー)をもてることになります。さらに、ある部署が組織内で中枢的な仕事をしていることになると、影響力(パワー)はいっそう高まります。ただし、これら三つの要因が乗算で結ばれていることからわかるように、どれか一つが欠けても影響力(パワー)は急減することになります。

こうした研究結果をまとめると、組織内で影響力(パワー)をもつためには、以下の通りにすることのようです。(112)

（1）正当性と専門性を高めることによって、組織内でフォーマルな権威をもてるようになること
（2）自分の考えを意思決定に反映させることができるように、意思決定のプロセスに参加できること
（3）不確かな事態に対して適切に対処できること
（4）組織内で資源や情報をコントロールできること

第8章 意図せずに、わからないように人に影響を及ぼす場合

第1章〜第5章においては、与え手が意図的に受け手に働きかけをする場合について見てきました。それが、対人的影響の基本だからです。しかしながら、私たちは、意図せずに人に影響を与えてしまう、あるいは、人から影響を受けてしまうこともあります。影響力（パワー）をもたなくても、人に影響を与えてしまうことがあるのです。また、意図的であっても、受け手が働きかけられていることがわからないように影響を与えることも可能です。意図的で隠蔽（いんぺい）的な影響です。受け手にとっては厄介（やっかい）な対人的影響といえます。最終章では、両パターンの対人的影響にも目を向け、その全体像を把握しておくことにします。図8－1には、与え手が受け手に対して意図的に働きかけをしているかどうか（意図的－無意図的）、その働きかけが受け手にわかっているかどうか（明示的－隠蔽的）という観点から、今までに見てきたものも含め図示してあります。

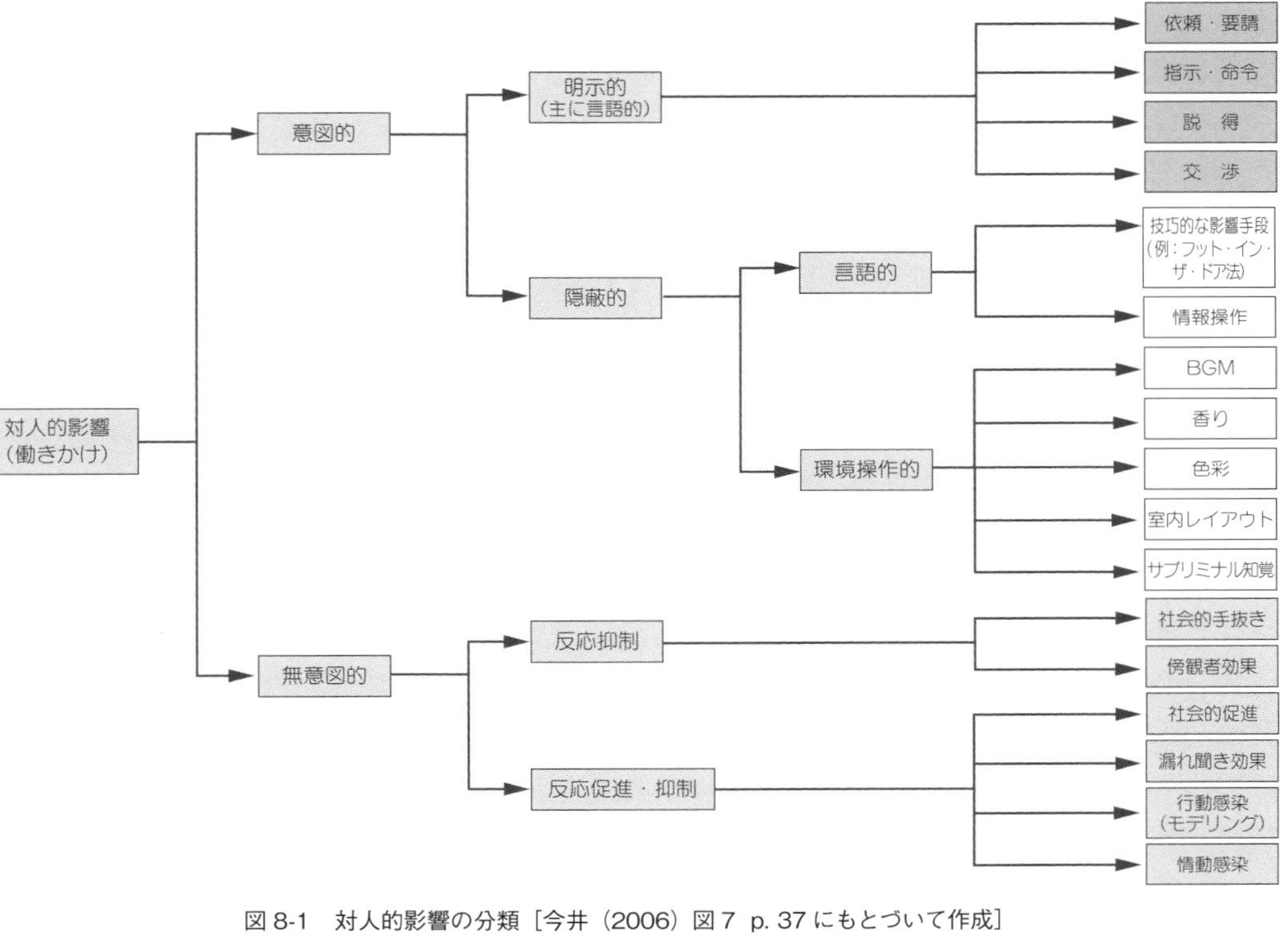

図 8-1　対人的影響の分類［今井（2006）図 7 p. 37 にもとづいて作成］

第一節　「意図的でない」影響

1　理想像となる人物から影響される――参照パワー

◉こんな経験ありませんか

・あるアーティストやタレントのファンが、そのアーティストやタレントと同じ服装をしたり、言葉づかいをしたりする（たとえば、１９９０年代、アムラーと呼ばれる、歌手・安室奈美恵のファッション〈ミニスカ、厚底靴、茶髪など〉の影響を受けた女子高生がいました。その後も浜崎あゆみや倖田來未がファッション・アイコンとなっていました）。

・信奉する人（たとえば、アップル創業者のスティーブ・ジョブズや新しい経営法を編み出したピーター・ドラッカー）の著作を読んで、その人の考え方や価値観にしたがって行動しようとする。

最初にあげることができるのは、参照パワーにもとづいた影響です。仮に、私たち（受け手）にとって理想となる人物がいるとします。そのとき、私たちはその人物と同じようにものを考えたり、同じような服装や行動を取ったりしたいと考えます。このような場合、その人物は私たちに対して参照パワーをもっていることになります。「その人物ならどのように考え、行動するだろうか」とその人物を参照するわけです。

その人物は、別に私たちに「○○の行動を取りなさい」とか、「○○の服を着なさい」と命令したり、お願いをしたりしているわけではありません。私たちの方で勝手にその人物を自分の理想像として崇めたて、模倣しているに過ぎません。その人物としては、意図的に私たちに影響を与えようとしているわけではありませんが、結果として、私たちに影響を与えていることになります。

２　人の行動を観察して自分の行動を決める――観察学習

◉こんな経験ありませんか

・お茶の心得がないのに茶会に呼ばれ、どのように振る舞ってよいのかわからないので、作法を知っていそうな人の振る舞いをそのまま真似る。
・（あなたが弟や妹の場合）兄や姉の行動を見て、親から叱られないように要領よく行動する。

第二に**観察学習**があります。私たちは、部分的には報酬と罰にもとづいて行動していますが、私たちは他者の行動を観察することを通しても学習し、自分の行動を変えています。他者の存在を通して学習するので、社会的学習に含まれます。

たとえば、初めてフランス料理を食べるとき、初めて茶会に呼ばれたとき、あるいは初めての果物を食べるときに、どのように食べたり振る舞ったりすればよいのかわからないと、私たちは事情を知っていそうな人の真似（まね）をしようとします。そのモデルとなる人が食べ方や振る舞い方を知っていればよいのですが、そうでない場合には笑い話になるような状況が作られてしまいます。このとき、私たちは、モデルとした人から真似をするように言われたわけではありません。その人の真似をすれば恥をかかないだろうと私たちが勝手に判断し、その結果、その人の行動によって私たちの行動が変化したことになります。ここに意図的でない対人的影響が存在しています。そして、観察学習の場合は、一時的な行動感染とは異なり、同じような状況に置かれると、たとえモデルがいなくても、以前、学習したことにもとづいて行動するようになります。

「親の背中を見て子は育つ」という言葉があります。親が「こうしろ、ああしろ」といったわけではないけれども、親の姿を見て、子どもが親の生き方を身につける場合です。日本では技術を教えるのに、こうした観察学習を利用した方法がよく用いられています。料理、刀鍛冶（かたなかじ）、彫刻など、特に芸術的、技術的な分野では、師匠が弟子に言葉で技を教えるのではなく、弟子が師匠を観察して、その技を盗むことによって教育が行われています。

最近は、いろいろな作業に関するマニュアルが作成されるようになってきました。言葉で表現できる場合には、マニュアル化するというのは、情報の伝達という意味で効果的なやり方でしょう。しかし、今あげたような芸術的、技術的な分野では、言葉で表現することができない場合が多いようです。そのために観察学習を奨励するような教育方法が取られてきたのだと考えられます。

また、「反面教師」という言葉がありますが、これも観察学習を通して、私たちの行動が変化する場合です。自分の周囲にいる特定の人の行動を見て、自分は「ああいうことはしたくない」と判断し、その人とは異なる行動パターンを取る場合です。私たちの方で自発的にモデルとなる人の行動パターンを否定し、そのモデルから逆方向の影響を受けたことになります。

3　人と同じ行動をする――行動感染

◉こんな経験ありませんか

・空を見上げている一群の人たちがいると、ついその人たちと同じ行動を取ってしまう。
・ひとりが信号無視をして横断歩道を横断し始めるのを見て、自分も横断し始める。

その一方で、私たちは、自分の理想ではない人物、自分にとってはまったく知らない人からも影響を受けています。一つの現象が**行動感染**（behavioral contasion）と呼ばれるものです。[137] ある人の行動パターンが周囲の他者に感染して、その他者も同じような行動パターンを取ることです。モデルとなる人は、他者に同じ行動を取るように意図的に働きかけているのではありませんが、その他者が自発的に同じ行動パターンを取る場合です。行動を真似する側（受け手）は、自分が置かれている状況においては、モデルが取っている行動を取ることができる、あるいは、取った方がよいと考えるわけです。

私たちがなぜこのように他者（モデル）の行動に影響されるかについては、少なくとも二つの原因が考えられるでしょう。一つは、私たちの好奇心が他者の行動によって刺激されるからです。（たとえば、空を見上げている人たちがいるという）日常的に見慣れない行動を見かけることによって、そこに何があるのかを自分で確かめたくなる、事情を知りたい気持ちになるということです。二つ目として、何が起きているのか不確かな状況、あるいは、(たとえば、赤信号で横断歩道を渡るように)社会的にあまり許されないような行動を取る状況において、他者と同じような行動を取っておけば間違いない、人からとがめ立てされにくいと私たちが判断しがちであることです。私たちは、人と同じような行動を取ることによって、自分が社会的に正しく行動していることの保証を得ようとするのです(こうした点は、**社会的証明**〈social proof〉と呼ばれる)。

ミルグラムらは、空を見上げている人がいる場合、通行人のうち何割ぐらいの人が同じように空を見上げるかを観察し、測定しました[91]。意地の悪い言い方をすれば、空には何もないのに見上げた場合、何人の人が引っかかって空を見上げるかということです。かつてテレビで放映されていた「どっきりカメラ」、近年では、「モニタリング」と呼ばれるテレビ番組と同じ状況です。ミルグラムらは、先行研究にもとづいて、空を見上げるようになる人の数は、空を見上げているモデルの人数が増えるにしたがって増えるだろうと予測を立て、実験を行いました。ニューヨークの繁華街で1人、2人、3人、5人、10人、15人の(モデルとなる)集団が、通りの反対側にあるビルの6階の窓を見上げ、60秒間その姿勢をとり続けました。そして、60秒間にその場所を通過した人のうち、何人がモデルと同じように空を見上げたか、また、何人が立ち止まって空を見上げたかを数えました。

その結果、歩きながら空を見上げる人の方が立ち止まって空を見上げる人よりも多くいましたが、どちらの場合もモデルとなる集団の人数が多くなるほど、空を見上げる人の比率の高くなることがわかりました。たとえば、モデルが1人の場合、歩きながら見上げる人は40%ほどでしたが、3人では60%、

5人では80％、15人では90％近くの人がそうしました。ただし立ち止まって見上げる人は、モデルが15人の場合でも40％どまりでした。

日本ではどのような結果が得られているでしょうか。筆者が以前担当した大学の授業において、学生がミルグラムらの実験を追試しました。彼らは、モデルとなる集団の人数だけでなく、実験を行う時間帯によっても行動の感染率に違いが生じるのではないかと考えました。[51]つまり、通行人に時間的余裕がない、朝の出勤・通学時間帯よりも、時間的余裕のある昼間の時間帯の方が感染率が高くなるだろうと予測したわけです。当たり前と言えば当たり前の予測ですが、それを実際に確認してみることがこの授業のねらいの一つです。実験の結果は、図８－２のようになりました。ほぼミルグラムらの実験と同じように、モデルとなる集団の人数が多くなるほど、行動の感染率の高くなることが確かめられました。どうやらこの現象に文化的な差はないようです。そして、学生が予測したように、12時、15時、17時よりも8時半における行動感染率の低いことがわかりました。こうした行動感染においては、（モデルの）人数が影響力になることがわかります。しかし、通行人の年代や性別による影響は認められませんでした。

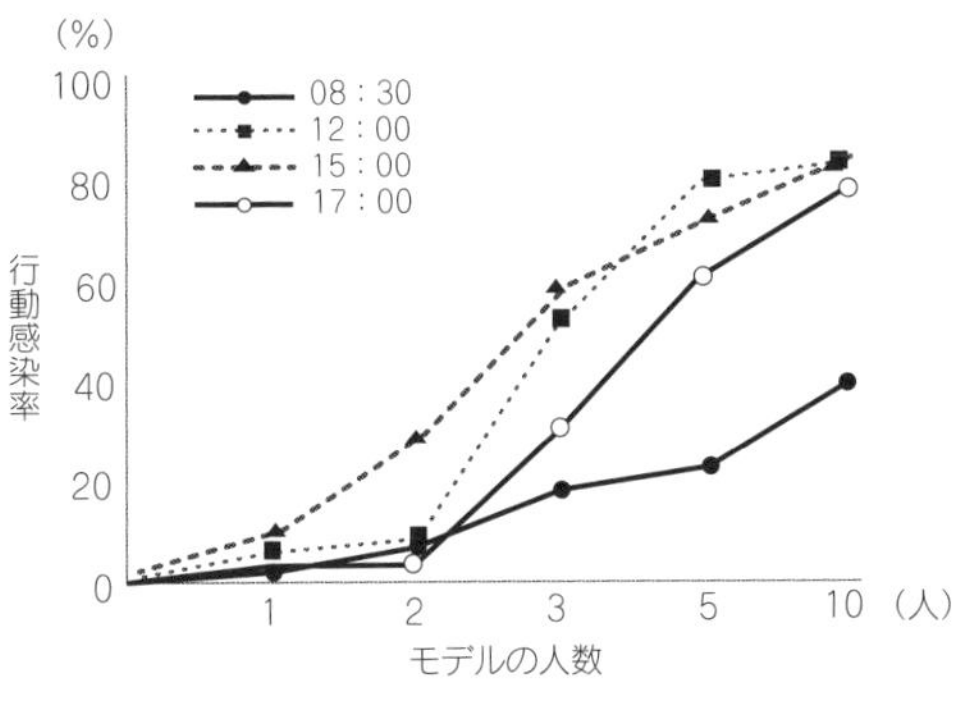

図8-2　モデルの人数と時間帯による行動感染率

4　周囲に人がいるので困っている人を助けない――傍観者効果

◉こんな経験ありませんか

・高齢者や妊婦が車内に乗り込んできても、誰も席を譲ろうとしないときに、多少悪いと思いながらも、タイミングを逸して自分もそのまま座り続けてしまう。

・駅の階段でころんだ人がいても、そこを通る人が誰も助けようとしないので、つい自分もそのまま通り過ぎてしまう。

今までに見てきた現象は、モデルとなっている他者に影響されて、私たちがある行動を取るようになる場合でしたが、逆に、他者がいることによって、ある行動を取らなくなってしまう場合があります。

１９９１年、首都圏の私鉄のある駅前でタクシー待ちをしている列に若者数人が割り込んできて、それを注意した中年男性がその若者から暴行を受け、死亡したという事件がありました[82]。周囲には他にもタクシー待ちをしていた人が数人いたわけですが、なぜその中年男性は若者に殺されてしまったのでしょうか。なぜ警官や他の人の助けを求めて、若者の激しい暴行をくい止めるような行動を誰もとれなかったのでしょう。そうした事件に関わりたくない、あるいは、関わりをもってしまって後で若者グループから報復されたくないという気持ちもあるでしょうが、その他の要因としてどのようなことが考えられるのでしょうか。

こうした事件は、日本だけでなくアメリカでも起きています。社会心理学のテキストによく紹介されている事件として、キティ・ジェノビーズ事件があります。これはキャサリン（愛称キティ）・ジェノビーズという女性が早朝、帰宅途中に暴漢に襲われ悲鳴を上げたのですが、近くにあったアパートの住人38人がいたにもかかわらず、死亡してしまったという事件でした。実際にはすぐにひとりが警察に電話したようですが、当時の新聞には、住人全員が何も行動を起こさなかったと報道されていました。[114]このほかにも似たような事件が起こり、マスコミで大きく取り上げられ、社会問題となりました。

アメリカの社会心理学者ラタネは、一連の実験から、周囲に他の人がいると、いくら困っている人がいてもその人を助けようとする行動が生じにくくなることを明らかにしました。[78]彼はこの現象を（援助行動における）**傍観者効果**と呼びました。ただし、ここで付け加えておかなくてはならないことは、すべての状況でだれもがこの傍観者効果の影響を受けてしまうということではありません。中には、自分の身の危険も顧みず、川で溺（おぼ）れた子どもを助けたり、燃えさかる火の中に残された人を助けに行ったりするという勇敢な行動を取る人ももちろんいます。

この傍観者効果も、私たちが他者から影響を受けている一つの例です。でも、他者は私たちに「援助をしないように」と言ってきたわけではありません。そのような意図がなくても、私たちは、他者が自分の周りに存在しているだけで影響を受け、困っている人を助けようとしなくなってしまうのです。

なぜ周囲に他者がいると援助行動が抑制されやすくなってしまうのでしょうか。ラタネの一連の研究によれば、少なくとも三つの原因が考えられるということです。すなわち、①社会的責任の分散、②周囲の誰も何もしないこと（無反応）による影響、③他者からの評価を懸念することです。

一つは、周囲に大勢の人がいると、困っている人を助けなければならないという社会的責任が分散されてしまい、自分が助けてあげる必要はないと判断するようになってしまうことです。つまり、「誰かやるさ」と考えるようになってしまうのです。それに比べて、自分ひとりしかいない場合には、その社会的責任のすべてが自分ひとりにかぶさってくるので、すぐに援助行動を取ることになります。二つ目は、誰か援助を求めている人がいても、周囲の人が誰も助けようとしないのを見て、別に援助する必要がないのではないかと考えるようになってしまうことです。つまり、誰も大変だという様子を見せないので、「大したことではない」と判断してしまうのです。三つ目に、周囲の他者が何も援助行動を取らないのに、自分だけ目立った行動をとっては他者から何と思われるかわからないと考え、援助することを躊躇(ちゅうちょ)してしまうことです。つまり、「人から出しゃばりとは思われたくない」と考える場合です。

でももし、人通りの多いところで自分が困った状況に陥ってしまった場合、誰かに助けてもらうにはどうしたらよいのでしょうか。そのままでは傍観者効果が生じてしまいます。チャルディーニが提案している方法は、たくさんの人の中から特定の人を選んで助けを求めるというものです。[18] たとえば、「その赤い服の人、助けて!」と叫ぶのです。つまり、分散してしまっている社会的責任をひとりの人に押しつけてしまうのです。ことが重大だとわかれば、その人が呼び水となって、さらに別の人も手を貸してくれるようになるでしょう。

5　人の会話を聞いて影響される――漏れ聞き効果

◉こんな経験ありませんか

・電車に乗っていて、知らない人が他の人と「○○銀行は危ないんじゃないの」と話しているのをたまたま聞いて、何となく不安になり、口座からお金を引き出した。

・近所の人が地震について立ち話をしているのを聞き、念のために防災用の食料や水などを用意した。

１９７３年12月に、愛知県豊川信用金庫の取り付け騒ぎが起きました。豊川信用金庫の営業成績に何ら問題はなかったのにもかかわらず、うわさ（流言）を信じて多くの人がお金を引き出すという騒ぎが起きてしまったのでした。ことの発端は、電車内で交わされた３人の女子高生の会話でした。３人のうちのひとりが豊川信用金庫に就職が内定していたため、彼女に対して冗談で「信用金庫なんて危ないわよ」といったのでした。そうした会話のあったことが家族に伝わり、さらに、それが「信用金庫が危ない」といううわさになって、ある商店の主婦に伝わりました。その主婦は、店内の電話を借りた知人が、たまたま商用で豊川信用金庫から預金を引き出すよう自宅に電話するのを聞いて、うわさが真実であることを確信しました。そして、親切心から得意先20人以上に電話し、そこからそれぞれの人の親戚、顧客、仲の良い友達、子どもを通して知り合っている母親など、広範囲にうわさが伝わっていきました。

この流言を作り出した一つの要因が、**漏れ聞き効果**（overheard effect）と呼ばれているものです[136]。これは、ある人が他の人たちの会話をたまたま聞いて、その会話の内容に影響を受けてしまうというものです。右の例では、ある商店の主婦が、電話を借りた知人の会話を漏れ聞いたことになります。特に、受け手がその会話の内容に関心が強い場合には、大きく影響を受けることが知られています。会話をしていた人たちはそうした影響を与えようという意図はまったくないにもかかわらず、会話を漏れ聞いた人に影響を与えてしまうということで「漏れ聞き効果」と呼ばれています。

この効果をもたらす理由として、三つ挙げられています。一つは偶然に会話に接するので、面と向かって説得されるときよりも受け手に構えが生じにくいことです。二つ目は、聞こうと思って会話に接したのではないので、その内容から受ける衝撃が大きいこと、そして、三つ目に、会話をしている人が受け手に影響を及ぼそうという意図がない（ように見える）ので、受け手に反発が生じにくいことです。

6　人がいるので作業が捗ったり、手を抜いたりする――社会的促進と社会的手抜き

◉こんな経験ありませんか

・ひとりで勉強するよりも、周りに同じように勉強している人のいた方が、勉強が捗る（はかど）る。
・いつもは勝てる将棋（しょうぎ）が、周りに見ている人がいると、どうも負けてしまう。
・みんなで一緒に同じ作業をしていると、はじめに計画したほど作業が捗（はかど）らない。

今、見てきたのは援助行動における傍観者効果でしたが、私たちが何か作業をしているときにも、他

者が自分の周りにいるかどうかによって、私たちは影響を受けています。その一つが**社会的促進**(social facilitation）と呼ばれる現象です。これは、他者が存在しているときの方が、ひとりで作業しているときよりも作業量が増加したり減少したりすることです（作業量が減少する場合も含めて、社会的促進と呼んでいる）。

この現象を初めて指摘したのは、トリプレットというアメリカの心理学者でした[132]。彼はアメリカ競輪協会に保管されている競輪記録を分析しました。そして、競輪選手の成績が、単独で走った場合よりも、ほかの選手に伴走してもらったり、ほかの選手と競争したりした方が良いことを見出しました。その後、１９６５年になって、ザイアンスとセイルズは、「他者（観察者や共行動者）がいることによって、人の作業に対するやる気が高められ（動因喚起）、よく慣れている作業の場合には作業量が増加し、あまり慣れていない作業の場合には作業量が減少する」ことを指摘しました[144]。

他者がいることによって、なぜやる気が高まるかに関してはいくつかの説がありますが（たとえば、他者と作業のどちらに注意を払ったらよいのか心の中で葛藤が生じる、他者から自分の作業を評価されるのではないかと懸念する）、多くの研究者は他者がいることによって、作業をしている人のやる気が高まることによる影響に注目しています。ただし、作業量が増加するといっても数％であり、あまり大きな効果とは言えないようです[10]。

社会的促進と並んで、他者がいることによって個人の作業量が変化する現象として**社会的手抜き**(social loafing）があります。社会的手抜きの場合は、社会的促進よりも状況が限定されます。すなわち、単純作業を何人かで一緒に行っているという状況です。この場合、他者というのは一緒に作業をしている人（共行動者）です。たとえば、みんなで綱を引いたり、できるだけ大声を出したり、大きな拍手をしたりする場合です。このようなとき、ひとりで作業をするよりも、複数の人と作業をした方がひとりあたりの作業量（平均値）の減少することが明らかになりました。自分以外に人がいると、手を抜き始めるということです。ラタネらの研究によりますと、ひとりのときのひとり当たりの作業量を１００とすると、３人では85、８人では49にまで低下するということです。[79]

社会的手抜きを防ぐ方法としては、①単純作業ではなく、挑戦的な多少難しい作業にすること、②各個人に少しずつ異なる作業を与えること、③各個人の責任の分担を明らかにしておくことなどがあります。[41]

第二節　「意図的で隠蔽的な」影響

本書も終わりに近づいてきました。前節では、対人的影響のうち、与え手が意図せずに影響を与えてしまう現象を見てきました。それ以外が、意図的な影響になるわけですが、それには依頼、説得、指示、命令などが含まれます。第１章～第５章で見てきたとおりです（指示、命令については特に言及しなかったが、正当パワーと関連している）。でもまだ紹介していない現象があります。（一部重複していますが）それは、意図的で隠蔽的な対人的影響です。依頼や説得、指示などにおいては、受け手が与え手から何かしら働きかけを受けていることは認識できます。たとえば、健康のために運動を勧める説得であったり、ドア・イン・ザ・フェイス法の第一依頼のように法外な要求であったりしますが、その場合、受け手は自分が働きかけられていることを認識できます。

しかし、与え手が受け手にわからないように働きかけることも可能です。それが本節で見ていく、**意図的で隠蔽的な影響**です。受け手が働きかけられていることを認識できないので、策略的であり倫理的には問題ですが、その背景に与え手の影響力（パワー）が存在していると考えられます。受け手に対してどのように働きかければよいかを与え手が知っているという意味で、第2章で紹介した情報パワーが基盤になっていると考えられます。

このやり方は、さらに大きく三つに分けることができます。一つは明示的な影響と同じように、言葉を使って他者に影響を与える場合（言語的）であり、もう一つは言葉によらず受け手のおかれている環境や状況を巧みに操作することによって、受け手に影響を与えようとする場合（環境操作的）です。三つ目は、生理学的な方法を使う場合です。

★言葉を使った方法

◉こんな経験ありませんか

・他社との交渉中に、その内容を部下に聞いてほしくない状況になってきたので、必要のないコピーを部下に頼んで、席をはずさせる。

・近所の知り合いから楽しそうなホーム・パーティに招待されたが、実は、高額な商品（羽毛布団、圧力鍋、下着など）を売りつけるためのパーティであった。

与え手の意図を受け手に悟られないように、言葉を使って働きかけるとは、わかりやすくいえば、受け手を「騙(だま)す」ことです。与え手がもともと受け手に取ってほしいと考えている行動や考え方を受け手には直接言わず、それをうまく隠すように受け手に働きかけます。あるいは、偽(にせ)の理由を述べます。そのため、受け手は自分自身でその働きかけに応じるべきかどうかを判断できないうちに、与え手の望んでいる行動や考え方を取らされてしまいます。

受け手を「騙(だま)す」場合、それが稚拙だと受け手にすぐ見破られてしまいます。そこで、受け手に見破られないような巧妙な働きかけ方が考え出され、使われています。たとえば、技巧的な影響手段（第5章）、議題のコントロール、情報操作などがあります。**議題のコントロール**とは、会議を開く際に、その会議で話し合うべき議題をあらかじめ選んでおいて、いろいろな意見が出てやっかいな状況になりそうな議題は出さないようにしたり、問題が生じないような順序で議題を提出したりすることです。[112] この方法は会議というかなり限定された状況で使われる方法ですが、一種の情報操作といってよいでしょう。そのほか、集団や組織において、自分に有利なようにさりげなく情報を流したり、流さなかったりすることもまた、影響の与え手の意図を隠した社会的影響といえます。

★受け手の環境を変えてしまう方法——環境操作

◉こんなことを聞いたことありませんか

・お客がたくさんの商品を買うように、スーパー・マーケットの店内でテンポの速い音楽を流す。[92]

・業務中には神経を集中できるように柑橘系の香りをオフィス内に流す。

・会議に出席する人に地位の差を感じさせずに自由な発言を促すように、長方形のテーブルではなく、円形もしくは楕円形のテーブルを使う。

受け手の置かれている環境や状況を操作することによって、受け手にわからないように影響を与えることができます。具体的には、環境音楽、香り、建物内部や室内のレイアウトなどがあります。

もう少し大がかりな環境操作の例として、私たちが知っている逸話として「孟母三遷」をあげることができるでしょう。孟子が勉強するようになるまで、母親が三度引っ越したという話です。母親は孟子にしっかり勉強してほしいという意図をもっていたわけですが、別にそのことを子どもであった孟子に直接言ったのではありません。孟子が勉強するのにふさわしい環境を作ることによって、孟子に勉強をさせるように仕向けたのです。

別の例として、車のシートベルトをあげることができます。現在、運転手や助手席に座っている人は、運転中にシートベルトを着用することが義務づけられています。それに違反すると減点の対象になりますが、まだ、私たちに自由度は残されています。減点と警告音を厭(いと)わなければシートベルトをしなくても車の運転はできるからです。しかし、仮にシートベルトをしないと、エンジンがかからないような構造に車を変えたとします。すると、すべての運転手はシートベルトを着けざるを得なくなり、行政もしくは警察の意向を完全に受けることになります。

【サブリミナル知覚】

最近、耳にするサブリミナル知覚もこのカテゴリーに入るでしょう。心理学では閾下(いきか)知覚とも呼ばれます。ただし、これが効果のある手法であるかどうかについては、まだ疑問の余地があります。「閾(いき)」というのは、私たちがある**刺激**（私たちが感覚器官で受け取る物理的エネルギーをもつものを総称して、心理学では「刺激」と呼んでいる）を見たり聞いたりしたという認識をもてる最低レベルのことをいいます。実際には、個人差や疲労などのために「これ以上なら見え、これ以下なら見えない」というように、はっきりとした刺激のレベルを決めることはできません。そこで、見える（聞こえる）確率と見えない（聞こえない）確率が50％ずつになるレベルを「閾値(いきち)」としています。

サブリミナル知覚というのは、この閾値以下の刺激を提示して、人に影響を与えようとするものです。具体的には、映像の中に（私たちが見たという認識をもてないほど）非常に短い時間だけ、ある映像やメッセージを提示したり、音源素材の中に非常に低いボリュームで（あるいは、特殊な処理を施して）禁煙、ダイエット、血圧低下などに関するメッセージを録音したものを人に聞かせたりします。(88)(119)

私たちの知覚した情報が意識レベルだけでなく、非意識レベルでも行われていることを示唆する研究はありますが、その非意識レベルにおける情報の処理が、私たちの行動にまで影響をもつかどうかは疑問視されているようです。

人びとが意識しないうちに情報を与え、人びとの考えや行動を変えることができると銘打ったサブリミナル知覚は、策略的な社会的影響の最たるものであるといえます。しかし、どうやらその効果は今のところ確たるものとはいえないようです。でも、もしかすると社会に悪影響を及ぼす可能性があるかもしれないということで、イギリスやアメリカをはじめとする国々では、サブリミナル知覚を放送や広告で使用することを法的に禁じています。

生理学的な方法

◉こんなことを聞いたことありませんか

・狭い部屋で睡眠を取らせないようにして、正常な判断ができないようにした上で、ある主義主張にもとづいた意見を吹き込む。

受け手にわからないような形で影響を与える第三の方法は、生理学的方法を用いることです。感覚遮断（しゃだん）、薬物投与、脳外科手術などがあります。日常生活ではほとんど取られることのない方法ですが、知っておくことは必要でしょう。

私たちの周囲は、たくさんの刺激で満ちあふれています。そのために私たちはさまざまなものを見、さまざまな音を聞くことができます。では、これらの刺激がなくなってしまったら、私たちはどうなるのでしょうか。刺激がなくなり、とてもリラックスした気分になれるのでしょうか、それとも、逆に何の刺激もなくて不安になってしまうのでしょうか。

【感覚遮断実験】

カナダの心理学者ヘロンは、感覚遮断と呼ばれる、心理学のテキストによく紹介されている実験を行いました。[43] アルバイトとして募集に応じた大学生が被験者となりました。被験者の仕事は、カプセル・ホテルくらいの小さい防音室に備え付けられた柔らかいベッドに横たわって、何もしないでいることでした。被験者は、ものの形は見えないけれども光だけ感じることのできる目隠しを取り付けられ、手から肘に至る部分にはカバーをされ、何も触ることができませんでした。そして、聞こえてくるのは換気扇の音だけでした。

この実験の目的は、人間が刺激の少ない状態にどのくらい耐えられるかを明らかにすることでした。その結果、私たちにとって適度な刺激が与えられることの重要性がわかりました。実験に参加した被験者は、時間が経つにつれ、だんだんものごとを普通に考えることができなくなり、精神的にも不安定になり、ひどくなると幻覚が生じるようになってしまったのです。さらに、後の研究から感覚遮断の操作を受けると、暗示にかかりやすくなること、単純な言葉を記憶しやすくなることも明らかになりました。[135]

もし、影響の与え手が「受け手を精神的に不安定な状態にしてやろう、暗示にかけやすくしてやろう」と考えたときには、この感覚遮断の方法を用いればそれが可能となります。たとえば、「とてもリラックスするからこの部屋に入って横になってごらん」と言って受け手を騙（だま）せば、与え手の意図を受け手に感づかれずに、受け手の精神状態に影響を及ぼす可能性が高くなります。人を騙して、その人に不利になる状態を作り出すことは、決して社会的に認められる行為ではありませんが、それが可能であることは知っておくべきでしょう。そのほか、記憶を減退させたり、精神的にハイな状態にしたりするために薬物を投与したり、何らかの脳外科手術を施したりする方法などもあります。今後は、ナノボットという血管内に注入できる微細なロボットを使って、病気を治したり、脳を操作したりすることも可能になってしまうようです。[5]

【マインド・コントロール】

1995年に起きたオウム真理教による地下鉄サリン事件前後から、「マインド・コントロール」という言葉をマスコミでよく耳にしました。これは、今まで見てきた隠蔽的な影響を巧みに組み合わせた方法であり、宗教、教育、商業などに関連する破壊的カルトが用いている方法です。[42][67][102] **カルト**とは、一連の確固たる信念をもち、その信念を実現化するためにいろいろな活動を行っている組織のことです。そうしたカルトのうち、反社会的な性質を帯びているカルトは、特に「破壊的カルト」と呼ばれています。

マインド・コントロールは、受け手が影響を受けていることを認識しないうちに、巧みに受け手の考え方、欲求、行動に影響を及ぼしてしまう方法です。薬物の投与や身体的な拘束などのような強制的な手法も用いる「**洗脳**」とは別のものです。受け手は自分自身の行動を自由に、自発的に行っているつもりでいますが、実は、受け手がそのように行動するよう、破壊的カルトのメンバーがあらかじめ仕組まれているのです。

たとえば、彼らが新しいメンバーを勧誘するときには、自分がカルトに所属していることを隠しながら、孤独感を感じていそうな人に親しげに声をかけたり、異性からの働きかけによる色仕掛けの方法を使ったりします。そして、受け手と親しげな会話をしながら、受け手がだんだんと彼らの集まりに出席する決断をするように仕向けていくのです。

カイザーらは、破壊的カルトが用いる方法を「**破壊的説得**」という言葉で表現しています[67]。私たちは、この世に生まれてから、両親や兄弟、友人、教師など多くの人びととのつながりの中で、だんだんと社会的な決まりごとや常識、多くの知識を学び、それぞれのパーソナリティーを形成していきます。破壊的カルトのメンバーは、まず、勧誘をしようとする相手のそうした世界観やパーソナリティーをことごとく破壊してしまいます。しかし、勧誘された人は、自分がそのような影響を受けているとはまったく感じません。

そして、その人の世界観やパーソナリティーが破壊されたあとに、破壊的カルトの教義が徹底的に注入されます。その結果、勧誘された人は、私たちがいる世界の枠組みでものごとを考えることができなくなり、破壊的カルトの世界の人間になってしまうのです。破壊的カルトのメンバーを破壊的カルトから抜け出させるためには、脱会カウンセリングや救済カウンセリングを通して、多くの時間と多大なエネルギーをかけて、元の世界の人間に戻す必要があります[100]。

おわりに

本書では、影響力（パワー）、影響手段、対人的影響をキーワードにして私たちの生活を見てきました。そもそも影響力（パワー）とは何かから始め、影響力（パワー）を分類し、それらと関連する影響手段を把握し、関連しない影響手段にも目を向けました。特に、影響力（パワー）の分類については、今でも多方面で受け入れられているフレンチとレイヴンの6分類を基本にして、覚えやすいように、「資源、知識、人間関係にもとづく影響力（パワー）」という形でとらえ直しました。そして、「影響力（パワー）が影響手段と密接に関連している」ことも見てきました。影響力（パワー）は、対人的影響における主要な側面ですが、対人的影響はそれだけで構成されているわけではないので、対人的影響というものも理解できるように概観しました。

最後に対人的影響の未来を考えてみたいと思います。本書で焦点を当てたのは、個人間で影響を与えることでした。与え手が受け手に影響を及ぼすということです。もちろん、その後、受け手が応じるのを渋ったり拒否したりすれば、与え手は自分の目標を達成するために、次に取るべき別の影響手段を選んだり、あるいは、最初の働きかけを繰り返したりすることを行います。両者の間で相互作用が生じます。基本的には、このような枠組みで対人的影響が行われるととらえることができます。

でも将来的には、相手が人、人間であるという保証はないようにも考えられます。ロボット、ＡＩ

（人工知能）が対象である可能性が出てくるのではないかと考えられます。「対人」ではなく「対ロボット」ということです。レイ・カーツワイルというアメリカの発明家で未来学者は、**シンギュラリティ**という概念を提唱しています。聞き慣れない言葉で、また、日本語で「技術的特異点」と訳されているので、その内容がわかりにくいかもしれません。彼によれば、「テクノロジーが急速に変化し、それにより甚大な影響がもたらされ、人間の生活が後戻りできないほどに変容してしまうような、来たるべき未来のこと」です。[75] そして、それが２０４５年頃に生じるということのようです。なぜならば、技術革新は指数関数的（たとえば、2倍、4倍、8倍というように）に発達しているからということですが、その予測に異を唱える研究者もいるようです。

シンギュラリティの内容としては、現在のコンピュータ技術、ネットワーク技術、ナノテクノロジー（百万分の一ミリという微細な物質を扱う工学）、ロボット工学、バイオテクノロジー（生物工学）などの発達により、ＡＩが地球上にいる全人類の知能のすべてを超える時点を指しています。ＡＩの方が人類よりも多くの知識を獲得し、さらに、それ以上になる状況です。すでに、今でもその片鱗は認められ、２０１５年には人間とある程度コミュニケーションできるペッパーという人型（に近い）ロボットが発売され、また、プロの棋士が将棋や碁のソフトに勝てない状況が生じ、日本経済新聞社と英国・フィナンシャル・タイムズの共同調査によると、約2千業務のうち日本では5割強の業務がロボットへの代替が可能であるということです。[101]

そうなると、私たちが将来的に依頼や説得、指示、命令で相手とするのは、ＡＩを搭載したロボットになることも充分に考えられます。その時、私たちは、与え手としてうまくロボットに影響を与えられるのでしょうか。ロボットの方が人間の反応パターン（心理的リアクタンスとか感情的反応など）をよく知っていて、逆に、人間はうまく操作されてしまうのかもしれません。こうして社会心理学が人間相互の対人的影響を明らかにしていくことが、将来的には、人間に対する武器となってしまう可能性も否定できません。現在は、その過渡期といえます。今後、脳科学の技術が発達してくると、対人的影響のプロセスが脳科学的にも明らかにされるかもしれません。そこにナノボット技術が入ってくると、神経細胞レベルで人の行動を操作することも可能になるのかもしれません。

人間にとっては、少々怖い未来予想図を描いて終了ということになってしまいましたが、本書を通して、他者との影響の及ぼし合いという視点からふだんの生活をとらえることに気づき、不当な影響を受けてしまわないように理解していただければ幸いです。

引用文献

（1）足立邦子「確率判断における認知バイアスの検討」『認知心理学研究』**1**、85－95、２００４年

（2）Allen, M., Hale, J., Mongeau, P., Berkowits-Stafford, S., Stafford, S., Shanahan, W., Agee, P., Dillon, K., Jackson, R. & Ray, C. (1990). Testing a model of message sidedness: Three replications. *Communication Monographs,* **57**, 275-291.

（3）Anderson, C. & Galinsky, A. D. (2006). Power, optimism, and risk-taking. *European Journal of Social Psychology,* **36**, 511-536.

（4）安藤清志『見せる自分／見せない自分――自己呈示の社会心理学』セレクション社会心理学１、サイエンス社、１９９５年

（5）Arnon, S., Dahan, N., Koren, A., Radiano, O., Ronen, M., Yannay, T., et al. (2016). Thought-controlled nanoscale robots in a living host, *PLoS ONE,* **11**(8): e0161227. doi: 10.1371/journal.pone.0161227

（6）Asch, S. E. (1955). Opinions and social pressures. *Scientific American*, **193**, 31-35.

（7）Bandura, A. (1982). Self-efficacy mechanism in human agency. *American Psychologist,* **37**(2): 122-147. doi:10.1037/0003-066X.37.2.122

（8）Bennett, J. B. (1988). Power and influence as distinct personality traits: Development and validation of a psychometric measure. *Journal of Research in Personality,* **22**, 361-394.

(9) Bernhardt, A. J. & Forehand, R. (1975). The effects of labeled and unlabeled praise upon lower and middle class children. *Journal of Experimental Child Psychology,* **19**, 536-543.

(10) Bond, F. C., & Titus, L. J. (1983). Social facilitation: A meta analysis of 241 studies. *Psychological Bulletin*, **94**(2), 265-292.

(11) Brehm, S. S. & Brehm, J. W. (1981). *Psychological reactance: A theory of freedom and control*. New York: Academic Press.

(12) Burger, J. M. (1986). Increasing compliance by improving the deal: The that's-not-all technique. *Journal of Personality and Social Psychology,* **51**, 277-283.

(13) Burger, J. M. (1999). The foot-in-the-door compliance procedure: A multiple-process analysis and review. *Personality and Social Psychological Review*, **3**, 303-325.

(14) Burger, J. M. (2009). Replicating Milgram: Would people still obey today? *American Psychologist,* **64** (1), 1-11.

(15) Boush, D. M., Friestad, M., & Wright, P. (2009). *Deception in the marketplace: The psychology of deceptive persuasion and consumer self protection.* New York: Routledge〔ブッシュ・D・M、フリースタッド・M、ライト・P『市場における欺瞞的説得――消費者保護の心理学』安藤清志・今井芳昭監訳、誠信書房、２０１１年〕

(16) Byrne, D. & Nelson, D. (1965). Attraction as a linear function of proportion of positive reinforcements. *Journal of Personality and Social Psychology,* **1**, 659-663.

(17) Carpenter, C. (2013). A Meta-analysis of the effectiveness of the “But You Are Free” compliance-gaining technique.

Communication Studies, **64**, 6-17, DOI: 10.1080/10510974.2012.727941

(18) Cialdini, R. B. (2009). *Influence: Science and practice*. 5th ed. Boston, MA: Allyn and Bacon.〔社会行動研究会訳『影響力の武器――なぜ、人は動かされるのか』第３版、誠信書房、２０１４年〕

(19) Cialdini, R. B. (2016). *PRE-SUASION: A revolutionary way to influence and persuade*. New York: Simon & Schuster.〔安藤清志監訳『PRE-SUASION――影響力と説得のための革命的瞬間』誠信書房、２０１７年〕

(20) Cialdini, R. B., Vincent, J. E., Lewis, S. K., Catalan, J., Wheeler, D. & Darby, B. L. (1975). Reciprocal concessions procedure for inducing compliance: The door-in-the-face technique. *Journal of Personality and Social Psychology,* **31**, 206-215.

(21) Cialdini, R. B., Cacioppo, J. T., Bassett, R. & Miller, J. A. (1978). The low-ball procedure for producing compliance: Commitment then cost. *Journal of Personality and Social Psychology,* **36**, 463-476.

(22) Chipperfield, J. G., Perry, R. P., & Stewart, T. L. (2012). Perceived control. In V. S. Ramachandran (Ed.). *Encyclopedia of Human Behavior*, 2nd Ed., (pp. 42-48) . New York: Academic Press.

(23) Cody, M. J., Greene, J. O., Marston, P., Baaske, K., O'Hair, H. D. & Schneider, M. J. (1986). Situation perception and the selection of message strategies. In M. L. McLaughlin (Ed.) *Communication Yearbook 8*. (pp. 390-420). Newbury Park, CA: Sage.

(24) Conrad, C. (1991). Communication in conflict: Style-strategy relationships. *Communication Monographs,* **58**, 135-154.

(25) Deutsch, M. & Gerard, H. B. (1955). A study of normative and informational social influences. *Journal of Abnormal*

and Social Psychology, **51**, 29-636.

(26) Dillard, J. P., Li, R., & Huang, Y. (2017). Threat appeals: The fear-persuasion relationship is linear and curvilinear. *Health Communication,* **32**, 1358-1367.

(27) Dillard, J. P., Seglin, C. & Hardin, J. M. (1989). Primary and secondary goals in the production of interpersonal influence messages. *Communication Monographs,* **56**, 19-38.

(28) Edwards, W. (1954). The theory of decision making. *Psychological Bulletin,* **51**, 380-417.

(29) Falbo, T. (1977). Multidimensional scaling of power strategies. *Journal of Personality and Social Psychology,* **35**, 537-547.

(30) Feeley, T. H., Anker, A. H., & Aloe, A. M. (2012). The door-in-the-face persuasive message strategy: A meta-analysis of the first 35 years. *Communication Monographs,* **79**, 316-343.

(31) Fern, E. F., Monroe, K. B., & Avila, R. A. (1986). Effectiveness of multiple request strategies: A synthesis of research results. *Journal of Marketing Research,* **23**, 144-152.

(32) Fiske, S. T. (1993). Controlling other people: The impact of power on stereotyping. *American Psychologist,* **48**, 621-628.

(33) Freedman, J. L. & Fraser, S. C. (1966). Compliance without pressure: The foot-in-the-door technique. *Journal of Personality and Social Psychology,* **4**, 159-203.

(34) French, J. R. P. Jr. & Raven, B. H. (1959). The bases of social power. In D. Cartwright (Ed.) *Studies in social power.* (pp. 150-167). Ann Arbor, MI : Institute for Social Research.〔水原泰介訳「社会的勢力の基盤」千輪浩監訳『社会的勢力』

誠信書房、１９６２年、１９３－２１７頁〕

（35）淵上克義「部下の影響戦略――部下とリーダーの関係性に及ぼすリーダー行動の効果」『心理学研究』**63**、１９９２年、１０７－１１３頁

（36）淵上克義『学校組織の人間関係』ナカニシヤ出版、１９９２年

（37）深田博己『説得と態度変容――恐怖喚起コミュニケーション研究』北大路書房、１９８８年

（38）深田博己「恐怖感情と説得」深田博己編著『説得心理学ハンドブック――説得コミュニケーション研究の最前線』北大路書房、２００２年、２７８－３２８頁

（39）Guéguen N. & Pascual A. (2000). Evocation of freedom and compliance: The “But you are free of...” technique. *Current Research in Social Psychology,* **5**, 264-270.

（40）Guéguen, N., Joule, R.-V., Halimi-Falkowicz, S., Pascual, A., Fischer-Lokou, J., & Dufourcq-Brana, M. (2013). I'm free but I’ll comply with your request: Generalization and multidimensional effects of the “evoking freedom” technique. *Journal of Applied Social Psychology,* **43**, 116-137.

（41）Harkins, S. & Petty, R. (1982). Effects of task difficulty and task uniqueness on social loafing. *Journal of Personality and Social Psychology,* **43**, 1214-1229.

（42）Hassan, S. (1988). *Combatting cult mind control*. Park Street Press.〔浅見定雄訳『マインド・コントロールの恐怖』恒友出版、１９９３年〕

（43）Heron, W. (1957). The pathology of boredom. *Scientific American*. **196**, 52-56.

（44）Hersey, P. & Blanchard, K. H. (1988). *Management of organizational behavior: Utilizing human resources*. 5th ed.

Englewood Cliffs, NJ: Prentice Hall.

（45） Hickson, D. J., Hinings, C. R., Lee, C. A., Schneck, R. H. & Pennings, J. M. (1971). A strategic contingencies' theory of intraorganizational power. *Administrative Science Quarterly*, **16**, 216-229.

（46） 本田哲也『その1人が30万人を動かす――影響力を味方につけるインフルエンサー・マーケティング』東洋経済新報社、２００７年

（47） Hovland, C., Janis, I. L. & Kelley, H. H. (1953). *Communication and persuasion: Psychological studies of opinion change*. New Haven, CT: Yale University Press.

（48） 池田進一「間接的要求における理解と記憶」『教育心理学研究』42、１９９４年、４７１－４８０頁

（49） 今井芳昭「勢力保持者の自己・対人認知を規定する要因について」『心理学研究』**53**、98－１０１頁、１９８２年

（50） 今井芳昭「もう一つの「太平記」――南朝最後の天皇〈自天皇〉のナゾ」『現代』２月号、講談社、１９９１年、２９２－３０７頁

（51） 今井芳昭編「流通経済大学社会学部１９９０年度　社会調査実習報告書」１９９１年、11－18頁

（52） 今井芳昭「社会的勢力に関連する研究の流れ――尺度化、影響手段、勢力動機、勢力変性効果、そして、社会的影響行動モデル」『流通経済大学社会学部論叢』３、１９９３年、39－66頁

（53） 今井芳昭「大学生から見た〈影響力のある人物〉の種類と特徴」日本グループ・ダイナミックス学会第43回大会論文集、１９９５年、２３６－２３７頁

（54） 今井芳昭『依頼と説得の心理学――人は他者にどう影響を与えるか』セレクション社会心理学10、サイエンス社、２００６年

（55） 今井芳昭「消費生活相談に役立つ社会心理学」「ウェブ版国民生活　№61－66」独立行政法人国民生活センター　２０１７－２

０１８年（http://www.kokusen.go.jp/wko/data/bn-ssinrigaku.html）

（56）今井芳昭『説得力——社会心理学からのアプローチ』新世ライブラリ1、新世社、２０１８年

（57）Imai, Y. (1989). The relationship between perceived social power and the perception of being influenced. *Japanese Psychological Research*, **31**, 97-107.

（58）Imai, Y. (1991). Effects of influence strategies, perceived social power and cost on compliance with requests. *Japanese Psychological Research*, **33**, 134-144.

（59）Imai, Y. (1993). Perceived social power and power motive in interpersonal relationships. *Journal of Social Behavior and Personality*, **8**, 687-702.

（60）Imai, Y. (1994). Effects of influencing attempts on the perceptions of powerholders and the powerless. *Journal of Social Behavior and Personality*, **9**, 455-468.

（61）Imai, Y. (1994). Measuring perceived social power and power motive in interpersonal relationships. Paper presented at the 23rd International Congress of Applied Psychology, Madrid, Spain. 19th July 1994.

（62）石川由紀子・無藤隆「要求表現の文脈依存性——その規定因としての役割関係」『教育心理学研究』**38**、１９９０年、９－16頁

（63）伊藤冨美『夫妻間の勢力関係の類型』風間書房、１９８６年

（64）Joule, R. V., Gouilloux, F., & Weber, F. (1989). The lure: A new compliance procedure. *The Journal of Social Psychology*, **129**, 741-749.

（65）鎌原雅彦・樋口一辰・清水直治「Locus of Control尺度の作成と、信頼性、妥当性の検討」『教育心理学研究』**30**、１９８２年、３０２－３０７頁

(66) 川名好裕「要請技法と承諾反応」大坊郁夫・安藤清志・池田謙一編『社会心理学パースペクティブ1』誠信書房、1989年、272-290頁

(67) Keiser, T. W. & Keiser, J. L. (1987). *The anatomy of illusion: Religious cults and destructive persuasion*. Spring field, IL: Charles C. Thomas Publisher.〔マインド・コントロール問題研究会訳『あやつられる心――破壊的カルトのマインド・コントロール戦略』福村出版、1995年〕

(68) Kelman, H. C. (1961). Processes of opinion change. *Public Opinion Quarterly*, **25**, 57-78.

(69) Kelman, H. C. (1974). Further thoughts on the processes of compliance, identification and internalization. In J. T. Tedeschi (Ed.) *Perspectives on social power*. Chicago: Aldine, 125-171.

(70) Kahneman, D.（2011）. *Thinking, fast and slow*. London: Penguin.〔カーネマン・D『ファスト&スロー』（上・下）村井章子訳、早川書房、2012年〕

(71) Kahneman, D., & Tversky, A. (1979). Prospect theory: An analysis of decision under risk. *Econometrica*, **47**, 263-291.

(72) 木村堅一「恐怖アピールと予防的保険行動の促進」『心理学評論』48（1）、2005年、25-40頁

(73) Kipnis, D. (1972). Does power corrupt? *Journal of Personality and Social Psychology*, **24**, 33-41.

(74) Kipnis, D., Schmidt, S. M. & Wilkinson, I.(1980) Intraorganizational influence tactics: Explorations in getting one's way. *Journal of Applied Psychology*, **65**, 440-452.

(75) Kurzweil, R.（2005）. The singularity is near: *When humans transcend biology*. New York: Penguin.〔カーツワイル・R、井上健監訳『シンギュラリティは近い――人類が生命を超越するとき』電子書籍版、NHK出版、2012年〕

(76) Langer, E. J. (1975). The illusion of control. *Journal of Personality and Social Psychology,* **32**, 311-328.

(77) Langer, E., Blank, A., & Chanowitz, B. (1978). The mindelssness of ostensibly thoughtful action: The role of "placebic" information in interpersonal interaction. *Journal of Personality and Social Psychology,* **36**, 635-642.

(78) Latané, B. & Darley, J. (1970). *The unresponsive bystander: Why doesn't he help?* New York: Appleton-Century-Crofts.

(79) Latané, B., Williams, K. & Harkins, S. (1979). Many hands make light the work: The causes and consequences of social loafing. *Journal of Personality and Social Psychology,* **37**, 822-832.

(80) Maddux, J. E. & Rogers, R. W. (1980). Effects of source expertness, physical attractiveness, and supporting arguments on persuasion: A case of brains over beauty. *Journal of Personality and Social Psychology,* **39**, 235-244.

(81) Magee, J. C. & Smith, P. K. (2013). The social distance theory of power. *Personality and Social Psychology Review,* **17**(2), 158-186.

(82) 毎日新聞「〈タクシー待ち割り込み〉注意され、殴り死なす　少年らが51歳を　西武・新所沢駅」１９９１年９月２日付、東京朝刊27面

(83) Marques, J. M. & Yzerbyt, V. Y. (1988). The black sheep effect: Judgmental extremity towards ingroup members in inter- and intra-group situations. *European Journal of Social Psychology,* **18**, 287-292.

(84) Marchand, M., Joule, R.-V., & Guéguen, N. (2015). The lure technique: Generalization and moderating effects. *Revue europeenne de psychologie appliquee,* **65**, 105-113.

(85) Marwell, G. & Schmmitt, D. R. (1967). Dimensions of compliance-gaining behavior: An empirical analysis. *Sociometry,*

30, 350-364.

（86）松信ひろみ「リタイア期夫婦における夫婦の勢力関係」『駒澤社会学研究』**46**、２０１４年、85－１００頁

（87）McDonald, G. W. (1980). Familty power: The assessment of a decade of theory and research, 1970-1079. *Journal of Marriage and the Family*, **42**, 841-854.

（88）Merikle, P. M. & Skanes, H. E. (1992). Subliminal self-help audiotapes: A search for placebo effects. *Journal of Applied Psychology*, **77**, 772-776.

（89）Milgram, S. (1963). Behavioral study of obedience. *Journal of Abnormal and Social Psychology*, **67**, 371-378.

（90）Milgram, S. (1974). *Obedience to authority*. New York: Harper.〔岸田秀訳『服従の心理　新装版』河出書房新社、１９９５年、山形浩生訳、河出文庫、２０１２年〕

（91）Milgram, S., Bickman, L. & Berkowitz, L. (1969). Note on the drawing power of crowds of different size. *Journal of Personality and Social Psychology,* **13**, 79-82.

（92）Milliman, R. E. (1982). Using background music to affect the behavior of supermarket shoppers. *Journal of Marketing,* **46**, 86-91.

（93）宮本聡介・太田信夫編著『単純接触効果の最前線』北大路書房、２００８年

（94）Mizan, A. N. (1994). Family power studies: Some major methodological issues. *International Journal of Sociology of the Family*, **24**, 85-91.

（95）水野君平・加藤弘通・川田学「中学生におけるスクールカーストとコミュニケーション・スキルおよび学校適応感の関係――教室内における個人の地位と集団の地位という視点から」『子ども発達臨床研究』**7**、13－22頁、２０１５年

(96) Mongeau, P. A. (2013). Fear appeals. In J. P. Dillard & L. Shen (Eds.). *The SAGE handbook of persuasion: Developments in theory and practice*, (pp. 184-199). Thousand Oaks, CA: SAGE.

(97) Moscovici, S., Lage, E. & Naffrechoux, M. (1969). Influence of a consistent minority on the responses of a majority in a colour perception task. *Sociometry*, **32**, 365-380.

(98) 仲真紀子・無藤隆「間接的要求の理解における文脈の効果」『教育心理学研究』**31**、１９８３年、１９５－２０２頁

(99) ＮＨＫクローズアップ現代＋「追跡！　ネット広告の闇　水増しインフルエンサー」２０１９年5月22日放映　https://www.nhk.or.jp/gendai/articles/4283/index.htm

(100) 日本脱カルト協会「カルトからの脱会と回復のための手引き《改訂版》――〈必ず光が見えてくる〉本人・家族・相談者の対話を続けるために」遠見書房、２０１４年

(101) 日本経済新聞「ロボットと競えますか――日本の仕事、5割代替、主要国トップ（ＡＩと世界）」２０１７年4月23日付朝刊

(102) 西田公昭『マインド・コントロールとは何か』紀伊國屋書店、１９９５年

(103) 西田豊・服部雅史「基準率無視と自然頻度の幻想：等確率性仮説に基づく実験的検討」『認知科学』**18**、１７３－１８９頁、２０１１年

(104) 野村祐介「スクールカーストの規定因とスクールカーストが学校生活満足度に与える影響」慶應義塾大学文学部卒業論文、２０１８年

(105) Norman, R. (1976). When what is said is important: A comparison of expert and attractive sources. *Journal of Experimental Social Psychology*, **12**, 294-300.

(106) 岡本真一郎「依頼の言語的スタイル」『実験社会心理学研究』１９８６年、２６４７－２６５６頁

(107) 岡島京子「親和動機測定尺度の作成」『日本教育心理学会第30回大会発表論文集』１９８８年、８６４－８６５頁

(108) O'Keefe, D. J. (1990). *Persuasion: Theory and research*. Newbury Park, CA: Sage.

(109) O'Keefe, D. J. (1999). How to handle opposing arguments in persuasive messages: A meta-analytic review of the effects of one-sided and two-sided messages. In M. E. Roloff (Ed.), *Communication Yearbook 22,* (pp. 209-249) Thousand Oaks, CA: SAGE.

(110) O'Keefe, D. J. & Figgé, M. (1997). A guilt-based explanation of the door-in-the-face strategy, *Human Communication Research,* **24**, 64-81.

(111) O'Keefe, D. J. & Hale, S. L. (1998) The door-in-the-face influence strategy: A random-effects meta-analytic review, *Annals of the International Communication Association*, 21:1, 1-33, DOI: 10.1080/23808985.1998.11678947

(112) Pfeffer, J. (1981). *Power in organizations*. Cambridge, MA: Ballinger.

(113) Rahim, M. A. (1983). A measure of styles of handling interpersonal conflict. *Academy of Management Journal,* **26**, 368-376.

(114) Rasenberger, J. (2004). Kitty, 40 years later, *The New York Times*, https://www.nytimes.com/2004/02/08/nyregion/kitty-40-years-later.html

(115) Raven, B. H. (1965). Social influence and power. In I. D. Steiner & M. Fishbein (Eds.) *Current studies in social psychology*. New York: Holt, Rinehart, Winston.

(116) Raven, B. H. (1992). A power/interaction model of interpersonal influence: French and Raven thirty years later. *Journal of Social Behavior and Personality,* **7**, 217-244.

(117) Raven, B. H., Schwarzwald, J., & Koslowsky, M. (1998). Conceptualizing and measuring a power/interaction model of interpersonal influence. *Journal of Applied Social Psychology*, **28**, 307-332.

(118) Rotter, J. B. (1966). Generalized expectancies for internal versus external control of reinforcement. *Psychological Monographs: General and Applied*, **80**, 1-28, (Whole No. 609).

(119) 坂元章・坂元桂・森津太子・高比良美詠子編『サブリミナル効果の科学――無意識の世界では何が起こっているか』学文社、１９９９年

(120) Schachter, S. (1959). *The psychology of affiliation: Experimental studies of the sources of gregariousness*. Stanford, CA: Stanford University Press.

(121) Seligman, M. E. P. (1975). *Helplessness: On depression, development, and death*. San Francisco, CA: W. H. Freeman and Company.

(122) Seligman, M. E. P. & Maier, S. F. (1967). Failure to escape traumatic shock. *Journal of Experimental Psychology*, **74**, 1-9.

(123) Shaw, M. E. (1981). *Group dynamics: The psychology of small group behavior*. 3rd ed. New York: McGraw-Hill.

(124) Sheley, K. & Shaw, M. E. (1979). Social power: To use or not to use? *Bulletin of Psychonomic Society*, **13**, 257-260.

(125) Skinner, B. F. (1966). *The behavior of organisms*. Renewed ed. Eaglewood Cliffs, NJ: Prentice-Hall.

(126) Smith, P. K., & Trope, Y. (2006). You focus on the forest when you're in charge of the trees: Power priming and abstract information processing. *Journal of Personality and Social Psychology*, **90**, 578-596.

(127) 鈴木翔『教室内（スクール）カースト』光文社新書、２０１２年

(128) Tajfel, H. (1981). *Human groups and social categories*. London: Cambridge University Press.

(129) Tajfel, H., & Turner, J. C. (1986). The social identity theory of intergroup behaviour. In S. Worchel & W. G. Austin (Eds.). *Psychology of Intergroup Relations*. (pp. 7-24) . Chicago, IL: Nelson-Hall.

(130) 田崎敏昭「児童・生徒による教師の勢力源泉の認知」『実験社会心理学研究』**18**、１９７９年、１２９－１３８頁

(131) 田崎敏昭「学級集団における勢力地位と勢力資源」『心理学研究』**53**、１９８２年、１６５－１６８頁

(132) Triplett, H. (1898). The dynamogenic factors in pace making and competition. *American Journal of Psychology,* **9**, 507-533.

(133) Turk, J. L. & Bell, N. W. (1972). Measuring power in families. *Journal of Marriage and the Family,* **34**, 215-222.

(134) 上野徳美・小川一夫「自由の脅威と意見表明が説得への抵抗に及ぼす効果——反復説得事態におけるリアクタンス効果について」『心理学研究』**54**、１９８３年、３００－３０６頁

(135) Vernon, J. A. (1963). *Inside the black room: Studies of the sensory deprivation*. New York: Clarkson N. Potter. 〔大熊輝雄訳『暗室の中の世界』みすず書房、１９６９年〕

(136) Walster, E. & Festinger, L. (1962). The effectiveness of "overheard" persuasive communications. *Journal of Abnormal and Social Psychology,* **65**, 395-402.

(137) Wheeler, L. (1966). Toward a theory of behavioral contagion. *Psychological Review,* **73**(2), 179-192. doi:10.1037/h0023023

(138) White, R. W. (1959). Motivation reconsidered: The concept of competence. *Psychological Review,* **66**, 297-333.

(139) Winter, D. G. (1973). *The power motive*. New York: The Free Press.

(140) Wiseman, R. L. & Schenck-Hamlin, W. (1981). A multidimensional scaling validation of an inductively-derived set of compliance-gaining strategies. *Communication Monographs*, **48**, 251-270.

(141) Witte, K. & Allen, M. (2000). A meta-analysis of fear appeals: Implications for effective public health campaigns. *Health Education & Behavior*, **27**, 591-615. doi: 10.1177/109019810002700506.

(142) Wolfe, D. M. (1959). Power and authority in the family. In D. Cartwright (Ed.) *Studies in social power*. (pp. 99-117). Ann Arbor MI: Institute for Social Research. 〔外林大作訳「家庭における勢力と権威」千輪浩監訳『社会的勢力』誠信書房、１２８－１５０頁、１９６２年〕

(143) Zajonc, R. B. (1968). Attitudinal effects of mere exposure. *Journal of Personality and Social Psychology*, **9**, 1-27.

(144) Zajonc, R. B. & Sales, S. M. (1965). Social facilitation of dominant and subordinate responses. *Journal of Experimental Social Psychology*, **2**, 160-168.

ラ行

マ行

ヤ行

タ行

ナ行

ハ行

サ行

索　引

著者紹介

今井芳昭（いまい　よしあき）

1958年　埼玉県に生まれる
1981年　学習院大学文学部心理学科卒業
1988年　東京大学大学院社会学研究科社会心理学専門課程博士課程単位取得満期退学
1998年　流通経済大学社会学部教授
2005年　東洋大学社会学部教授
現　在　慶應義塾大学文学部教授　博士（社会学）
著訳書：『説得力』2018年 新世社
『社会・集団・家族心理学』（分担執筆）2018年 遠見書房
『影響力の武器　第三版』（分担訳）2014年 誠信書房
『市場における欺瞞的説得』（監訳）2011年 誠信書房
『影響力』2010年 光文社新書
『依頼と説得の心理学』2006年 サイエンス社
『あやつられる心』（分担訳）1995年 福村出版

影響力の解剖——パワーの心理学

2020年 2月 10日　初版第1刷発行

著　者　今 井 芳 昭
発行者　宮 下 基 幸
発行所　福村出版株式会社
〒113-0034 東京都文京区湯島 2-14-11
電話　03-5812-9702　FAX　03-5812-9705
https://www.fukumura.co.jp
印刷・製本　中央精版印刷株式会社

© Yoshiaki Imai 2020 ISBN978-4-571-25054-5　C3011　Printed in Japan
落丁・乱丁本はお取替えいたします。　定価はカバーに表示してあります。

福村出版◆好評図書

行場次朗・箱田裕司 編著
新・知性と感性の心理
●認知心理学最前線
◎2,800円　ISBN978-4-571-21041-9　C3011
知覚・記憶・思考などの人間の認知活動を究明する新しい心理学の最新の知見を紹介。入門書としても最適。

安部博史・野中博意・古川 聡 著
脳から始めるこころの理解
●その時，脳では何が起きているのか
◎2,300円　ISBN978-4-571-21039-6　C3011
こころに問題を抱えている時，脳で何が起こっているのか。日頃の悩みから病まで，こころの謎を解き明かす。

山岡重行 著
腐女子の心理学2
●彼女たちのジェンダー意識とフェミニズム
◎3,500円　ISBN978-4-571-25052-1　C3011
大好評『腐女子の心理学』の続編。より大規模な調査をもとに，腐女子の恋愛観やジェンダー意識を読み解く。

R. プルチック・H. R. コント 編著／橋本泰央・小塩真司 訳
円環モデルからみたパーソナリティと感情の心理学
◎8,000円　ISBN978-4-571-24078-2　C3011
パーソナリティと感情の包括的モデルの一つである対人円環モデル。その広範な研究と臨床心理への応用を紹介。

太幡直也 著
懸念的被透視感が生じている状況における対人コミュニケーションの心理学的研究
◎4,000円　ISBN978-4-571-25048-4　C3011
気づかれたくない内面についての被知覚の意識（懸念的被透視感）が与える影響と対人場面に果たす役割とは。

A. ヴレイ 著／太幡直也・佐藤 拓・菊地史倫 監訳
嘘と欺瞞の心理学
●対人関係から犯罪捜査まで 虚偽検出に関する真実
◎9,000円　ISBN978-4-571-25046-0　C3011
心理学の知見に基づく嘘や欺瞞のメカニズムと，主に犯罪捜査で使われる様々な虚偽検出ツールを詳しく紹介。

伊坂裕子 著
日本人の認知的特徴と人格的成長に関する文化心理学
●相互協調的自己観と包括的思考
◎3,300円　ISBN978-4-571-25051-4　C3011
従来の日本人論とは異なる実証的な立場から，文化心理学の理論をもとに日本の文化と日本人について考える。

◎価格は本体価格です。